学級担任の一日

THE DAILY BEHAVIOR OF A CLASS TEACHER

朝から放課後までの
学級経営ルーティン

宮澤悠維
Yui Miyazawa

はじめに

「学校の先生にだけはならない方がいい」

「保護者が怒鳴り込んできた」

「子どもに「死ね」と言われた」

「学級崩壊した」

「もう学校には行きたくない」……。


こんな教師の言葉がＳＮＳに溢れている。

不安になる必要はない。

学級づくりに関していえば、ポイントを押さえることで担任経験の有無にかかわらず、十分に成果を上げることができる。

問題は、そのポイントが分かりにくいことだ。

誰も順序だててキミに教えてくれないことだ。

だから、今から僕がこの本を書こうと思う。

この本では、担任宮澤悠維がどのように学級づくりをするのかを「学級担任の一日の流れ」に照らし合わせ、凝縮して記そうと思う。

そして、この本ではたいていの教師が普通は書きたがらない、担任としての本音や失敗談も紹介しようと思う。

今担任をしているキミが、あるいはこれから担任をするキミが本当に知りたいことがきっと見つかるに違いない。

ただし、ここに書かれていることが学級経営の答えというわけではない。

担任、子ども、同僚、学校、自治体、国、時代、その日の天気、その日の体調が変われば学級経営の在り様はいくらでも変わる。

答えを見つけるというよりは、「自分の学級経営と相性がいいものはどれだろう?」、これぐらいの気持ちで読み進めてほしい。
いや、この際あまり小難しいことは考えなくていい。

すっかり日の暮れた放課後。
廊下に漏れ出ている蛍光灯の光。
教室に響く赤ペンと紙の擦れる音。
「おつかれさん」
そう言いながら、フラッとキミの教室に立ち寄った僕。
自然に始まるキミと僕の、いつもの他愛のない雑談…。

そんなリラックスした気持ちで、まるで僕と会話を楽しんでいるような心地で、この本を読み進めてもらえると嬉しい。

宮澤悠維

学級担任の一日

目次

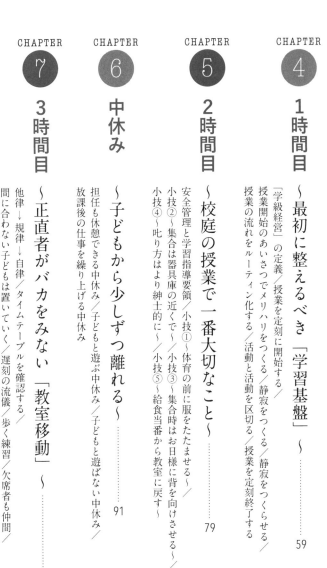

※本書に出てくる児童名は全て仮名です。
また、子どもの顔が写っている写真は、本人と保護者の許可を得て掲載しています。

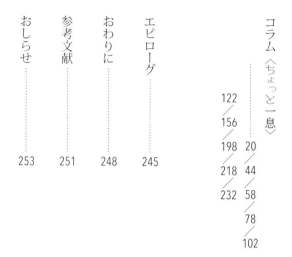

CHAPTER 1

登校前

～担任のモーニングルーティン～

朝のルーティン

僕は学級経営があまり上手じゃなかった。ところが、ある年を境に学級経営が急にうまくいくようになった。

その最大の要因が「早朝出勤」を始めたことだ。

担任宮澤悠維の朝のルーティンを紹介しよう。

・ポットの湯沸かし等、職員室をちょこっと準備（5分）
・事務仕事（15分）
・授業準備（20分）
・教室準備（10分）

もちろん日にもよるけれど、毎朝「小一時間」は朝の準備に時間を充て、それから子どもを教室で迎えるようにしている。

ここからは、学級経営に直結する「授業準備」と「教室準備」について話してみよう。
※教師の労働時間についてもこの後ふれようと思う。

授業準備は「板書計画」を

授業準備では毎授業必ず「板書計画」を立てることにしている。板書計画を立てるということは1時間の授業を1度脳内でおこなうということだ。これがリアルの授業に与える影響は計り知れない。僕はこれを10年間欠かさずにやり続けた。

とは言え、1コマの板書計画に費やす時間はそんなに多くない。多くても5分程度。短ければ1分程度だ。

もちろん、最初からそんなに短時間で板書計画を練れていたわけじゃない。10年間繰り返し続けたからこそ体得した力だ。「そのための筋肉が少しずつ発達していった」という比喩

10年分の教材研究用ノート約30冊

が、何となくしっくりくる。

ただし、単元によってはどっぷり時間をかけて教材研究をすることももちろんある。時間はあくまで目安として理解してほしい。


そして、白状したい。

実は、若手教師の頃の僕は仕事帰りや休日にカフェにこもり、授業案を考えることが多々あった。自分の能力不足を時間でカバーしていたのだ。

当時を振り返ると、かなり不健康な生活に陥っていた気がする。毎晩カップラーメンを食べたり、就寝時刻が連日連夜午前2時を過ぎていたり…。教師1年目に両手に重度の湿疹ができてしまい、チョークを握れず、手袋をして授業をしていた時期もある。たぶん、ストレスが原因だったのだと思う。

自分の健康と板書計画、どっちが大事かなんて考えなくたって分かる。でも、当時の僕にはそれが分からなかった。いや、分かっていたのかもしれない。分かっていたけれど、そんな修羅の生活に進んで自分の身を投げ入れたかったのかもしれない。若さだと思う。

僕からキミに伝えたいこと。きちんと授業の準備をしよう。毎時間、板書計画を立てよう。だけど、板書計画なんかより大事なことがある。それはキミの心と体だ。

無理せず、自分に合った仕事の準備、ライフスタイルを見つけてほしい。

【余談】

キャリアを重ねるうちに、こんな僕も少しずつ早く寝られるようになった。午後8時には布団に入る日もあった（笑）。人間、変わるものだ。

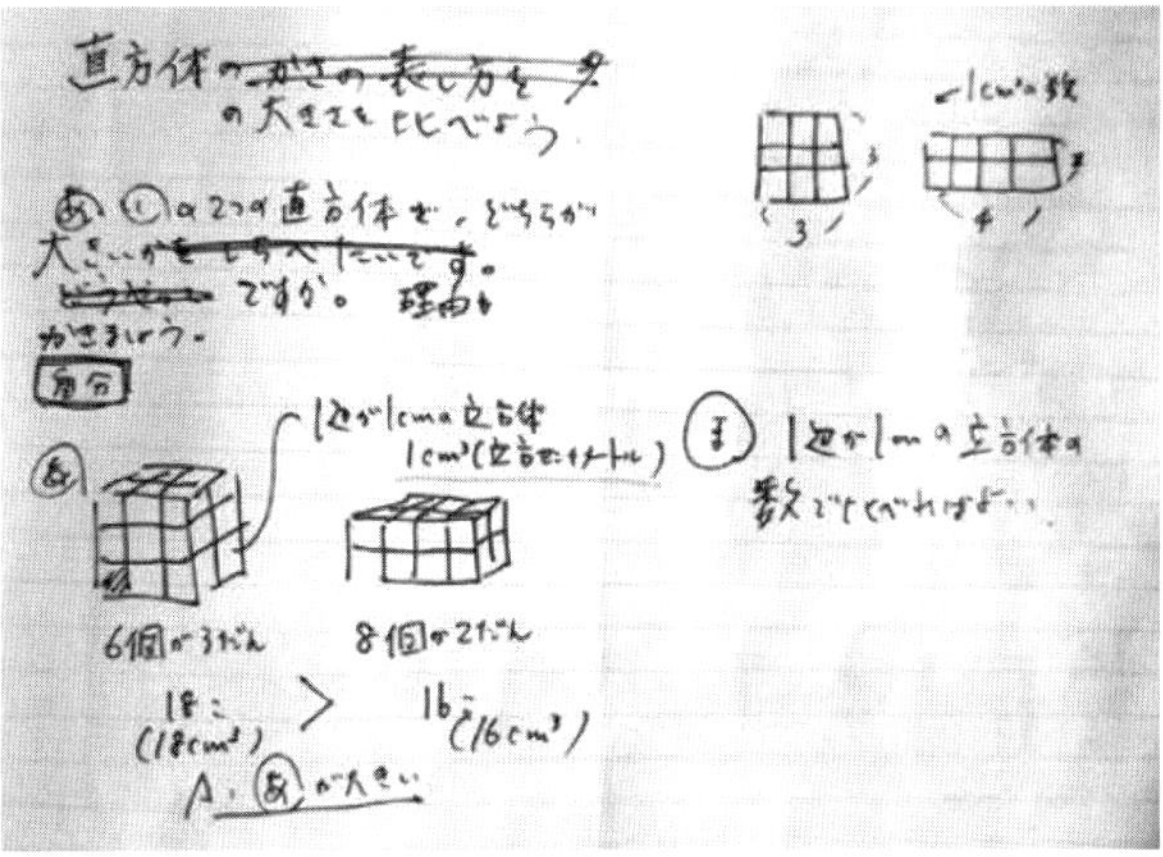

実際の板書計画

教室準備のルーティン化

朝、教室での僕の行動は概ねルーティン化されている。

①電気をつける（1分）
②換気をする（1分）
③黒板を掃除する（3分）
④黒板に「おはよう」と書く（1分）
⑤ゴミを拾う（1分）
⑥宿題の丸付けの準備をする（2分）
⑦オルゴールのBGMを流す（1分）

教室準備のルーティン化はとても良い。迷いなく行動できるし、教室や自分の些細な変化に気づけるからだ。

個人的に、③と④がお気に入りの時間だ。

澄んだ空気と降り注ぐ朝日の光の中、ベランダで黒板消しをパンパンと叩く。その音が僕にとっての仕事開始のファンファーレだ。

それから「おはよう」の4文字を黒板に書く。子どもへの歓迎の想いを込めて、力強く書く。

そう言えば、こんな出来事があった。卒業制作で「オルゴールづくり」をした時のこと。木箱にイラストを描いたり彫刻刀で彫らせたりした。僕はある子どもの作品に目が留まった。緑色に塗られた長方形の中に白い字でただ一言、「おはよう」と書かれていた。

数々の思い出のつまった小学校6年間に匹敵するぐらい、毎朝の4文字が子どもに与えるパワーは大きいのかもしれない。

黒板に4文字書くなんて造作もない。だけど、これを200日間続けることは簡単じゃない。**地味で、日のあたらないことを丁寧に、そ**

朝の準備をする宮澤悠維（当時教師10年目）

して継続しておこなえるかどうか。学級経営の真髄は、ここにある気がしている。

理想は定時出勤・定時退勤

ここまで僕なりの朝のルーティンについて紹介してきた。早朝出勤の生産効率は冗談抜きで凄まじい。夕方の騒然とした職員室とは比にならないほどの集中力を発揮できる。

一方で、「新たな問題」の存在にきっとキミは気づいているだろう。時間外労働だ。いくら朝の生産効率が凄まじいとは言え、勤務時間以外で学校にいる時間はできるだけ少なくしたい。

だから、僕はキミに「朝早くからもっとガンガン働け！」と言っているわけでは決してない。そうではなくて「もしも毎晩残業が続いている現状があるのなら、その仕事を生産効率の高い朝に繰り上げることで、トータルの勤務時間の縮減に繋げてみてはどうだろうか」という、一つの提案をしているのだ。働き方改革のスモールステップと捉えてもらえると嬉しい。

誤解のないように言いたい。理想は定時出勤・定時退勤。これは揺るがない。

もう、この際だから本音を言おう。僕は長い時間学校にいるのがちょっと苦手だ。いや、学校は好きだ。子どもも好きだ。だけど、ずっと同じ場所にいるのが苦痛なのだ（笑）。

だから、僕は放課後がフリーの日なんかは堂々と年休をとることにしている。そして、15時半頃には子どもたちと一緒に下校…というか、退勤することが多々ある。

いつもより早く出勤したら、いつもより早く退勤する日があってもいいんじゃないかな。

僕が今ここでキミに一番伝えたいのは「早朝出勤のすすめ」じゃない。「担任であるキミが元気な心と元気な体で明日も学校に来るための自分にピッタリな方法を少しずつ模索していこう」ということだ。

そのための一つの方法が、僕にとっては「早朝出勤」だったのだ。

毎朝同じ時刻にベランダに出て黒板消しをパンパン叩いていると、その日の天気、気温、空気、木々の様子等の違いに敏感になります。季節の移ろいもよく分かります。

写真は、ベランダから見えた暁の光と八ヶ岳。こんな美しい景色を見るだけで、不思議とエネルギーが湧いてきます。

CHAPTER 2

登校後

～みるみる提出が増える「宿題システム」～

「おはよう」の先手・後手

朝の教室準備を整えると、次第に子どもの声が廊下から聞こえてくる。昇降口が開いたのだ。毎朝、僕がほんの少し緊張する瞬間だ。

一人目の登校は大体いつも決まっている。シンジだ。僕は笑顔で「おはよう、シンジ君！」……とは言わない。必ず1～2テンポ待つ。子どもから「おはようございます！」と言える時間を、猶予をつくりだす。子どもからあいさつできたら、そこで初めて「おはよう」と返す。

教師は子どもにあいさつをすることが仕事じゃない。**あいさつをできるように育てることが仕事だ。**

続いてちょっとシャイなカナが登校してきた。シンジの時とは違い、僕は間髪入れずに「おはよう」と声をかける。カナは「待たれること」が重圧となり得る。カナのように、「待つ」ではなく「導く」関わりを必要としている子どもが一定数いる。

両者への関わりの違いは時間にしてほんの1秒程度。だけど、この差が学級経営の明暗を分ける。いわゆる**「個に応じた関わり」**ってやつだ。

さて、子どもたちが登校してきた後、担任は教室で具体的に何をすればいいのだろうか。僕の場合、大抵は左の二つをして過ごしている。

①荷物の整理を促す
②宿題の指導をする

一つずつ紹介しよう。

①荷物の整理を促す

実は、僕は荷物の整理に関してはそれほど口を酸っぱくして指導をしない。見ていてヤキモキする子どももがいることも事実だけど、結局、**始業時刻までに片付いていればいい**ので、ギリギリまで声をかけることを控える。かけたとしても、肩を「とんとん」と叩くとか、「さあ、やるぞ」と声をかける程度だ。

どうしても行動を促したい場合は、**具体的な指示を1個だけ出してあげるといい。**例えば「教科書を引き出しに入れよう」という感じだ。それができたら、次の指示をまた一つだけ出してあげるといい。

指示は具体的に、かつ焦点化して。そうすることで行動に移せる割合が格段に上がる。これは教師の基本スキルなので必ず身につけよう。

ただ、それでも整理整頓が苦手な子はやっぱりいる。そんな時はあまり目くじらを立てずに「そのうちできるようになるさ」…と、懐深く見守ってあげたい。

実際、僕も少年時代は荷物整理が全くできず、通知票の「持ち物の整理整頓」の項目はいつだって「△」だった。整理ができるようになったのは大学入学後かもしれない。一人暮らしをするようになって、否応なしに自分で片付けなくてはならなくなったことがきっかけだった。

担任は「自分が学級経営をする1年間で子どもを変えたい」と思いがちだ。でも、子どもの変化は必ずしもすぐに表れるとは限らない。翌年かもしれない。何年か後かもしれない。担任だからって自分で自分を追い詰める必要はない。大丈夫。子どもたちは少しずつ成長している。

ところで、朝の「荷物整理問題」を一発で解決する方法を僕は知っている。朝の会の始まりの時、日直に

「机の上に何も乗っていない「班」から立ちましょう」

とか、

「朝の準備が終わっている班の班長、報告してください」

などと言わせればいい。すると、

「ねえ、早く片付けて」

という「子ども同士の声かけ」を半ば強制的にうむことができる。結果、子どもの机上は

瞬時に片付く。

ただし、これは子どもと子どもの間に摩擦をうむ恐れもある「諸刃の刃」だ。使うのは最終手段。切り札として残しておこう。

このように、経験を重ねると「もっているけど今はそのカードをきらない」という状況が段々と増えてくる。これが、ベテラン教師たちがやけに落ち着いて見える一つの要因かもしれない。

②宿題の指導をする～マインド編～

宿題に関しては言いたいことが山ほどある。それだけで1冊本を書けてしまうくらいだ。本1冊分の僕の思いを一文でまとめると、「**宿題の丸付けは教師の本業ではない。だけど、やると決めたら真摯に取り組む**」だ。

まず、宿題は教育課程の外でおこなわれる学習だ。したがって、教師が宿題を「課す」「課さない」」、子どもが宿題を「提出する」「提出しない」は任意だ。

ところが、教師が宿題を課す慣習が残っている学校はまだ多いのが現状だし、その丸付けを教師が代行している状況も少なくない。そんな状況の中で、キミが一人で異を唱え、「私は宿題を課しませんし、丸付けも指導もしません」と子どもや保護者や同僚たちに宣言することはなかなか勇気のいることだ。もちろんできる人はしてくれて構わないけれど、きっと多くの教師にとっては難しいのではないだろうか。

そこで、僕なりの着地点を紹介したい。

まず、「**宿題指導はあくまでボランティア活動**」という意識をもつこと。これだけで、幾分気が楽になる。間違っても「みんながやっているから自分もやって当然の仕事だ」なんていう強迫観念に駆られないでほしい。

その上で、宿題指導をするとキミ自身が決めたのなら半端な指導はしないこと。**正しければ丸をするし、間違っていればバツをする。**この毅然とした態度を貫き通すことだ。毅然とした態度が揺らぐと、子どもたちは担任をナメてかかってくる。

さらに、時間短縮ツール（スタンプやシール、タブレットの自動採点機能等）、協力（保護者による丸付け等）を遠慮なく活用すること。宿題指導が担任の本業を圧迫することは絶対に回避しよう。

そして最も重要なことは、**最終的に子ども自身で解決できる宿題を目指すこと。**即ち「内容決定」「丸付け」「直し」を子ども自身でできるように導いていく。学習内容だけでなく「学習の仕方」を教えていくことで、子どもは伸び、担任の手は空くようになる。

それでは宿題指導の実践例を写真と共に紹介していこう。

③宿題の指導をする ～実践編～

まずは年度当初を想定し、オーソドックスな「担任による宿題の丸付け」の一例を紹介してみよう。

宿題の丸付けは、学習内容が正しければ○をする。間違っていれば×をする。とてもシンプルだ。

右下の写真は「妻」という字を間違えて練習してしまっている漢字練習のものだ。子どもは一生懸命練習しているけれど、間違いは間違い。子ども本人が気づいていないようなら指摘し、修正させよう。

それに加えて、**「学習の仕方」が子どもの成長を促すものになっているかどうかも確認したい。**

左下の写真を見てほしい。「治る」という漢字を練習している。確かに漢字にミスはない。ところが、漢字より平仮名、カタカナの量の方が多く、「治る」という字は13回しか練習できていない。それに、同じ文を羅列しているだけで、活用に広がりがない。これは、「もっと漢字を使いこなせるようになること」ではなく、「宿題を終わらせること」が目的になってしまっている漢字練習の典型だ。

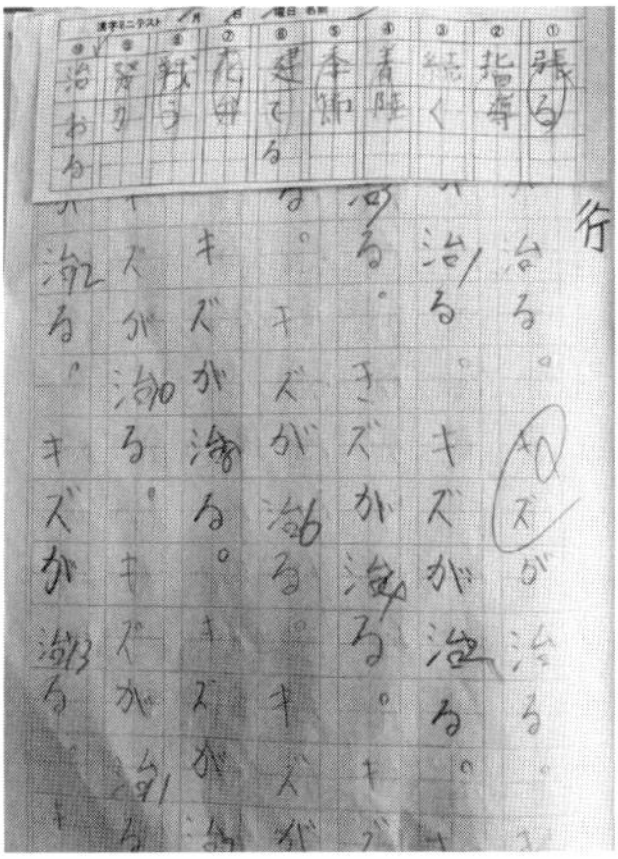
学習の仕方を指導すべき宿題

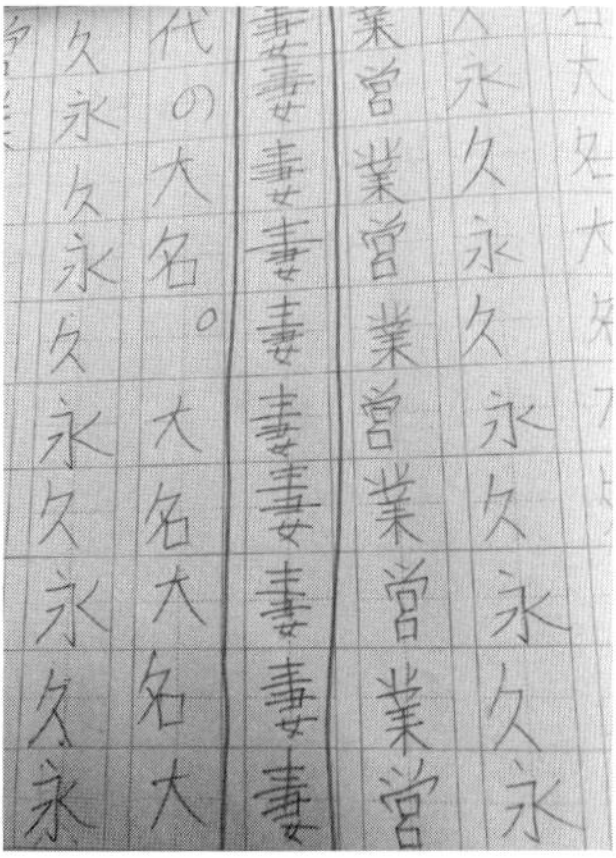
学習内容を指導すべき宿題

こういった「学習の仕方」に改善の余地がある宿題に対しても指導をしよう。例えば、「**何のために漢字を学んでいたんだっけ？」と目的を問いかけたり、「じゃあ何をするといいかな？」と行動計画を一緒に考えたりしながら丁寧に育てていこう。**

当初13字しか漢字を練習しなかったこの教え子は、最終的に学習の目的を理解し、意味ある学習を自分で進められるようになっていった。

④ 宿題の指導をする ～応用編～

年度当初こそ担任が丁寧に丸付けをするけれど、徐々にその手を放していきたい。即ち、子どもが自分で学習内容を考えたり、丸付けをしたりすることを通して、子どものさらなる成長を促そう。

まず、学習は「**アクティブリコール**」と「**分散学習**」が合体した時に大きく効果を発揮する。アクティブリコールとは思い出す学習のこと。分散学習は定期的に繰り返す学習のこと。そしてこれらを合わせて「**連続的再学習**」と呼ぶ。

下の写真を見てほしい。これはある小学5年生の漢字の宿題だ。ノート上部に貼り付けられた「12月12日」と書かれた用紙は学校でおこなった「漢字ミニテスト」。僕が「じゅんい」と言うと、子どもたちはこの白紙の用紙に「順位」と書き、僕が「れいせい」と言うと子どもたちは「冷静」と書く。ミニテストは全部で10問（出題は漢字ドリルの巻末の確認テストより）。子どもたちは一生懸命思い出しながら漢字を書く。これが「アクティブリコール」だ。

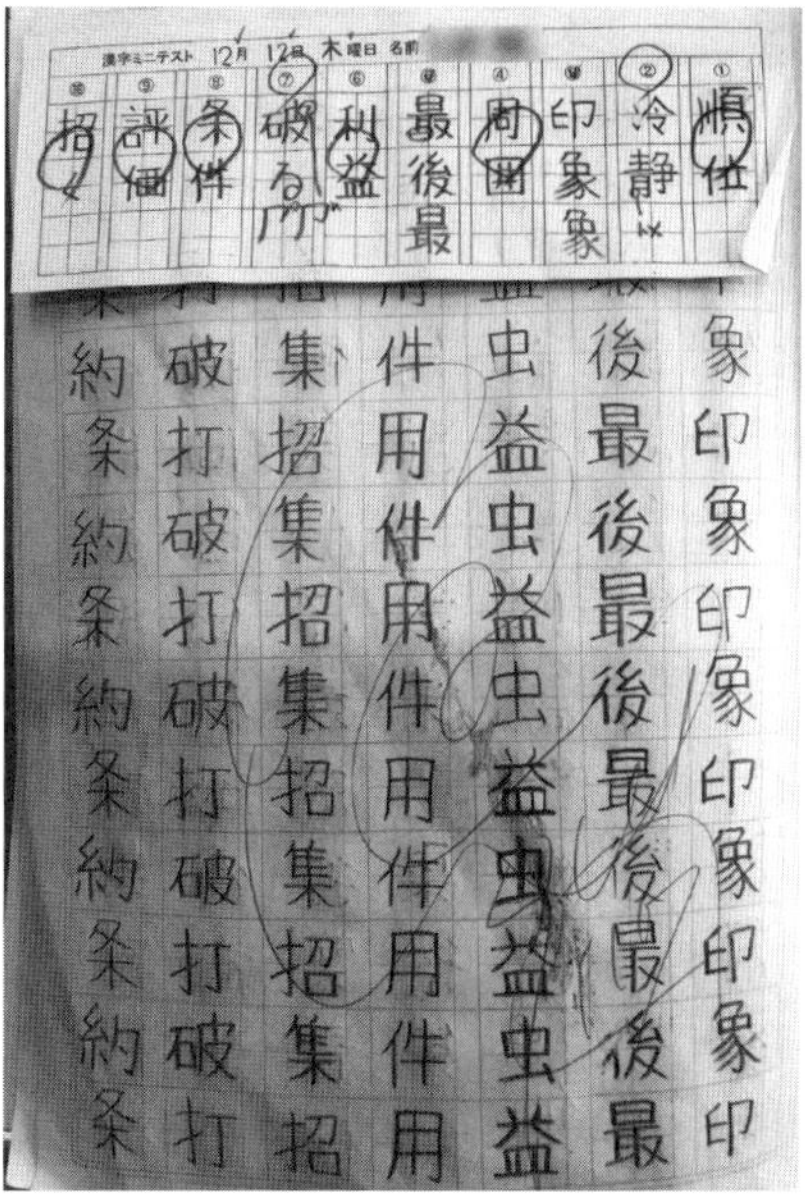

ある小学５年生の12月12日の漢字の宿題

ミニテスト直後、子どもたちが丸付けを自分自身の手でおこなう。

丸付けの終わったミニテストは家庭に持ち帰り、「間違い」を中心に家庭で練習する。これが漢字の宿題となる。**「できているものは練習しない」「できていないものを練習する」**。合理的な学習だ。

ちなみにこのミニテストは4日間連続でおこなう。全く同じ問題を、だ。4日目に何が起きるかはもう想像できるだろう。学級のほぼ全員が満点をとれる状態になっている。これが「分散学習」だ。

下の写真は、先ほど紹介した子の「12月13日」、つまり翌日の漢字の宿題だ。たった1日で、ミニテストは全問正解に変わっている。ミニテストを自宅に持ち帰っても、もはや練習すべき字はないだろう。

そこでこの子はさらなる漢字の高みを目指し、オリジナル問題をつくって解いたり、漢字の意味を調べ

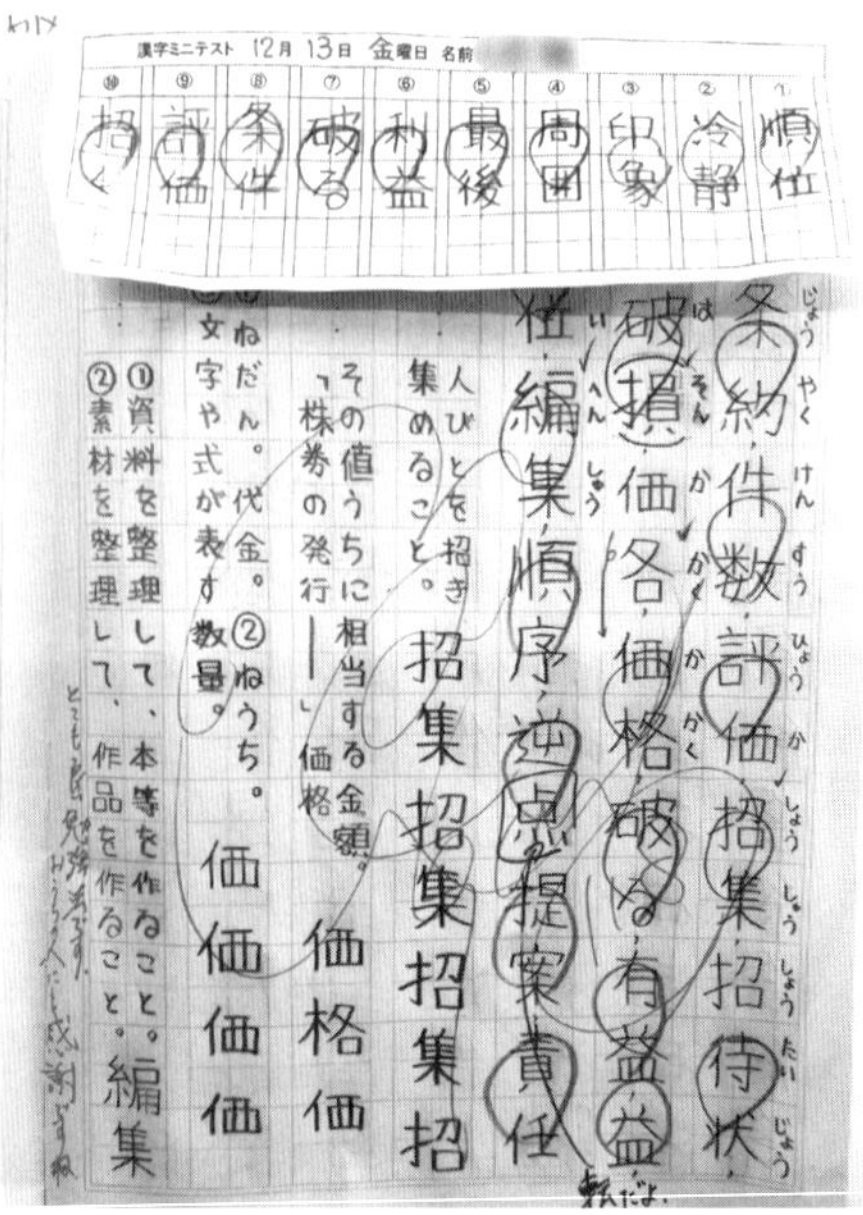

ある小学5年生の12月13日の漢字の宿題

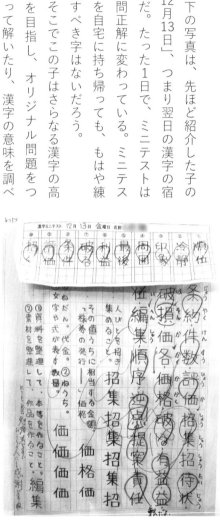

たりしている。自分の習熟度に合わせて意図的に学習内容と学習の仕方を変えているのだ。

そしてミニテストを始めて5日目。この日が力試しの日だ。漢字ドリルの巻末に付属されている確認テストを切り取り線に沿って取り外し、子どもたちはテストをする。この丸付けは担任である僕がおこなう。…といっても、ミニテストと全く同じ問題なので、ほぼ全ての子どもが満点なのだけれど。

このアクティブリコール（思い出す学習）と分散学習（繰り返す練習）を合わせた「連続的再学習」のサイクルをただただ繰り返し、市販の単元テストに挑ませる。すると、不思議なくらいに子どもたちは成果を上げる。

下の表は、先ほど紹介した小学5年生の子を含む、「国語」の単元テストの「漢字領域」の学級平均点の推移だ(50点満点)。5月から7月にかけて、みるみる点数が向上していることが分かる。僕はこれといったテスト対策はしていない。したと

単元テスト（漢字領域）	学級平均点（50点満点）
5月実施のテスト	30点
6月実施のテスト	34点
7月実施のテスト	42点

国語のテスト（漢字領域）の平均点の推移

すれば、連続的再学習が適切になされているかどうかを確認し、できていればほめ、できていなければ改善を促しただけだ。

僕は「丸付けマシーン」になるつもりはない。子どもは大して成長しないし、僕自身もあまり面白みを感じないからだ。

僕は「**指導者**」でありたい。科学的根拠に基づいた「学習の仕方」を絶えず学び、それを教室で実践し、着実に子どもたちの成長を促せる自分でありたいのだ。子どもも喜ぶし、何より僕自身が燃える。

自動的に宿題がそろう3システム

残念ながら宿題指導には弊害もある。それが「**宿題をそろえたい病**」だ。担任が宿題の指導を始めると、必ずと言っていいほど「学級全員の宿題をそろえたい」という気持ちが頭をもたげる。

「宿題を提出しなさい！」

「このページは半分以上やっていないじゃないか！　やり直してすぐにもってきなさい！」

「こら、宿題をやっていないのになんでサッカーしているんだ！　すぐに教室に戻ってきなさい！」

「もう、あなたのせいで宿題がちっともそろわない！」……。

こんな負の感情を軽減するためのノウハウを、ここまで飽きることなく読んでくれたキミに紹介しよう。

方法は簡単だ。**自動的に宿題がそろってしまう仕組みを整えてしまえばいい。**そんなことが可能なのかって？　可能だ。ただし、3つのシステムを導入する必要がある。

システム① 提出チェックの委託

僕は学級開きで必ず以下の様な合意形成を図る様にしている。「みんなは宿題に取り組むんですね？　分かりました。それじゃあ、先生も丸付けを頑張ることに決めました。—

緒に頑張りましょう。だけど、協力してほしいです。提出チェックは自分たちでおこなってください。そして、チェックの結果、未提出だった人は、空き時間を使ってその日のうちに提出すること。僕もその日のうちに丸付けを終わらせて返却するよ。…どう？」。

これにより、「宿題に取り組むこと」と「チェックは自分たちでおこなうこと」の合意形成がなされ、担任が丸付けに注力しやすい環境が整った（提出チェックは日直に委託することが多い）。

システム② まだまだボックス

提出された宿題の中には時に不備があるものが混ざっている。つまり、「宿題をやっていないのに提出している」とか、「前日の直しを直していない」とかだ。こういった宿題を発見すると、担任はイラッとしてしまう。そして子どもを呼び寄せ「な

まだまだボックス（ただの段ボール箱）

んで全部終わらせていないんだ！　今すぐにやり直しなさい！」と責め立てたくなる。

こんな百害あって一利なしのやりとりに終止符を打つ優れものがある。それが「まだまだボックス」だ。ダサいネーミングと不出来な見た目には目をつむって聞いてほしい。

担任が不備のある宿題を見つけたら、この箱の中にそっと入れる。以上、終了。これで全てが解決だ。

ただし、いくつか子どもと確認しておくことがある。それは
・不備がある宿題は担任がボックスに入れること
・ボックスにある宿題は提出扱いにはならないこと
・ボックスにある宿題は即時訂正し、再提出すること
だ。

実際、僕がボックスの中に宿題を入れようものなら、子どもたちは飛びついてそれが一体誰のものなのかを確認する。自分のものであればすぐに不備を修正し、再提出する。自分のものでなければ持ち主に届ける優しい子もいる。

ボックスに入った宿題の持ち主に、担任からお咎めがあるわけではない。「提出扱いにならない」、ただそれだけだ。

「不備のあるハガキは自分の家に戻ってきてしまいますよね？　それと同じで、不備がある宿題は先生には届きません。気をつけましょうね」と言えば、全員納得する。

ちなみに、宿題の解答に「誤り」があったからといって、ボックスの中に入れるわけではない。誤答は歴とした提出扱いだ。あくまで未提出は、「宿題をやっていない」と判断されるような「不備たっぷりの宿題」だ。

何の変哲もない「この箱」が、担任と子どもの朝のネガティブなやりとりを解消してくれる。その名も「まだまだボックス」。ネーミングのダサさだけはやはり許してほしい。

システム③ 中休み前の声かけ

中休みとは2時間目と3時間目の間にある長めの休み時間の名前だ。あれに突入する直前、つまり「2時間目の授業の終わりのあいさつ」の時に、日直があることを言うだけで、宿題の未提出が劇的に減る。

「これで授業を終わります。ありがとうございました。**宿題を提出した人から休み時間にしましょう**」

たったこれだけだ。これだけで宿題未提出者が外でサッカーをすることはなくなる。

「そんなバカな。いくら日直がそう言ったって、宿題をやらずにこっそりサッカーをする子どもはいるだろう？」

そんな疑問の声が聞こえてきそうだ。

これに関しても予防線を張ることができる。

予め日直に「宿題未提出者」の名前を下の図のような「小ホワイトボード」に転記させるのだ。ボードは教室の隅っこに置いておくだけでいい。これを見れば誰が未提出者か一目瞭然だ。無論、サッカーなどできない。やろうものなら、「あれ？　ボードに名前があったよね？」という突っ込みが友だちからとんでくる。子どもは誤魔化しようがない。

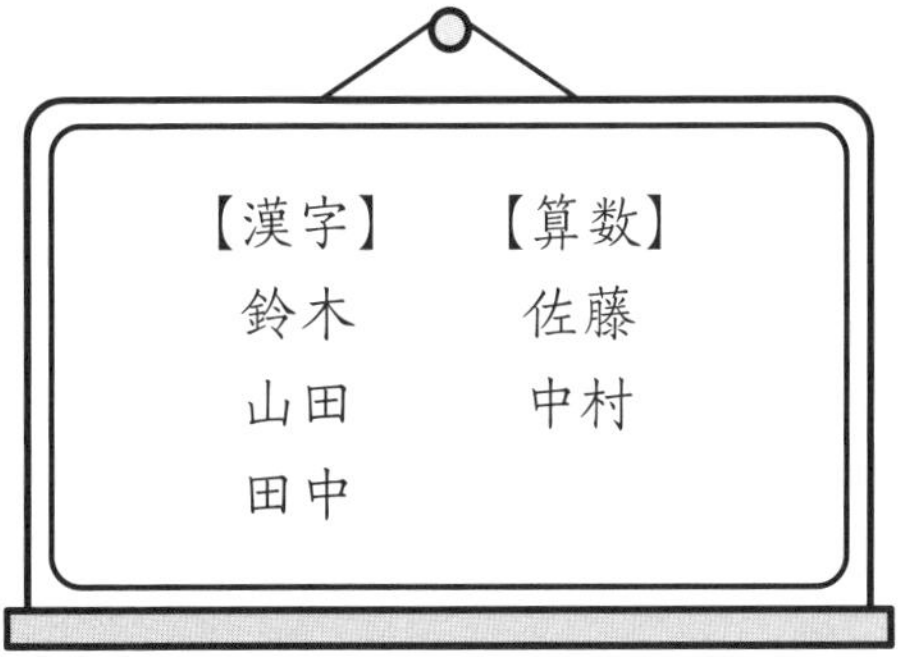

情報共有のための小ホワイトボード

ちなみに、このボードは未提出者を学級全体の見せしめにし、恥をかかせ、精神的に追い込み、苦痛を与える罰としてのボードじゃない。ボードは教室の隅の目立たない場所にひっそりと置かれている。子どもの名前も申し訳なさそうに、小さく書かれている。**あくまで情報共有のためのボードであって、罰則を与えるためのものじゃない**。このボードによりか誰かが傷つくようなことがあれば、僕は許さない。そして、このボードの使用を直ちにストップするだろう。しかし、そういった事態はこれまで一度も経験したことがない。

このボードの目的を学級全体に共有した上で利用しているからだと思う。

子どもと活動の目的を共有する。これは学級経営の原則だ。

さて、ここまで読んだキミは、情報量が多くてやや頭がパンク気味かもしれない。

ちょっと、簡単にまとめてみよう。

・担任が宿題指導をすると決めたなら、半端なことはせずに誠実に取り組むこと

・宿題に取り組むことの合意形成を学級全体で図ること

・宿題チェックは日直がおこなうこと
・未提出者の名前を日直が小ボードに転記すること
・不備ある宿題は担任が「まだまだボックス」に入れること
・ボックスに入った宿題は子ども自身で訂正し、すぐに再提出すること
・中休みの直前に、日直が宿題の未提出者に注意を喚起すること

…さて、キミは気づいただろうか？　担任が注意したり叱ったりする機会が一度もないことに。

学級経営の真髄がここにある。学級の経営者である担任は「**如何に手足を動かさず、首から上を動かすか**」が肝だ。担任は学級という船の船長であり、一等航海士だ。キミに求められているのは、常に全体を見渡す「目」、そして最善手を打つ「頭」だ。特に船長に不測の事態があっても決して船が止まらない「仕組み」を整える力は担任に必要不可欠だ。

丸付けは朝のうちに終えるつもりで

担任は朝のうちに丸付けを終わらせるといい。気分がいいし、日直も宿題提出チェックをするのに十分な余裕がうまれるからだ。

だけど、最初はそんなにスムーズに進まないかもしれない。かく言う僕も、1時間目の授業開始までに全ての丸付けが完了できるようになったのは、教師になって何年か経ってからの話だ。

丸付けは筋トレと似ている。筋トレを始めたばかりの頃は重いダンベルを持ち上げることができない。ところが、トレーニングを継続するうちに徐々に筋力が向上し、最初には考えられなかったような重さのダンベルをいつしか持ち上げることができるようになる。

丸付けも同じだ。やればやるほどその精度と速度は必ず向上していく。是非、丸付け界のマッチョを目指して

午前８時35分：宿題チェック完了
（音読、漢字、算数、日記）

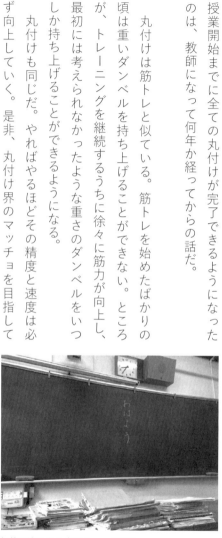

みてほしい（徐々に整備されているAI採点も積極的に活用しよう）。

ここまで宿題指導について僕なりの考えを話してきた。随分と独自色の強い取り組みもあったかもしれない。そんな中にも、もしも一つでもキミの参考になるものがあったら僕はとても嬉しい。

そして、何度も繰り返すけれど、この「宿題指導」というものがどうかキミの本業に支障をきたさないことを願っている。

一点心配なことがある。

それは、言語化して伝えたことで何か僕から「宿題指導について熱い想いをもっている教師感」が出てしまっていやしないか、ということだ。

実際の僕は、決してそんなことはない。わりと淡々と丸付けをしている。

僕を突き動かすものがあるとすれば、それは「やると決めたことは最後までやりきる」という自分への負けん気だ。

くれぐれも無理のないように宿題と関わっていこう。

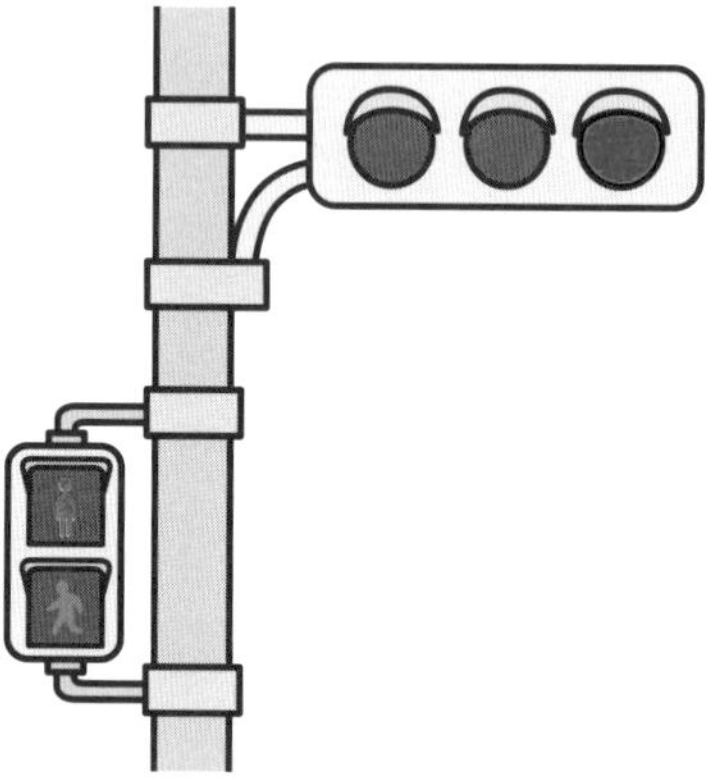

学級経営において「システムの構築」はとても有効ですが、これに反対する人が時々いるようです。「外面だけ整えたシステムなど無意味。子どもは内側から変えなければならない」というのが彼らの主張です。確かに一理あります。

しかし、実際僕たちもたくさんのシステムの中で生活しています。例えば信号機。赤色ならば止まり、青色ならば進みます。これは、僕たちが心の内側から交通を守ろうとしていないためにできた悪しきシステムなのでしょうか。僕はそうは思いません。

僕たちは不完全です。だから、システムの力を借りながら生活したり、働いたりすればいいのだと思っています。

CHAPTER 3 朝の会

～命を守る「正しい健康観察」～

朝の会は通常「1日の学習活動の見通しをもったり、そのための準備を整えたりすること」を目的としておこなわれている。ならば、良い朝の会とは「見通しがもて、準備が整う会」のことで、悪い朝の会とは「見通しがもてず、準備が整わない会」のこと、ということになる。

僕の場合、朝の会では「歌」や「係や委員会からの連絡」等の活動をおこなうことがあるけれど、ここでは良い朝の会の実現に絶対に欠かせない「健康観察」と「担任からの連絡」の二つに絞って話をしたい。

健康観察では「非言語情報」を読み取る

いきなりだけど、僕の失敗談を聞いてほしい。ある低学年女子の体調不良を見逃したことがあった。

「ナナさん」

「はい、元気です！」

僕がナナの名前を呼ぶと、彼女はいつものように元気にハキハキと返事をしてくれた。僕は健康観察表には特に何も記入せず、表を養護教諭に提出した。

ところが、朝の会の直後にナナが僕のところにやってきた。真っ青な顔をした彼女はポツリとつぶやいた。

「先生、なんか気持ちが悪いです」

そう言い終わるか終わらないかのうちに、彼女は僕の目の前で嘔吐した。

僕は周りの子どもを落ち着かせ、ナナの嘔吐物を処理した。急遽授業を自習にし、僕は涙目のナナを保健室に送り届けた。

ナナは養護教諭にこう説明した。

「朝からずっと気持ち悪かった」

僕は、真っすぐにナナの目を見ることができなかった。

白状したい。

実は、この日の健康観察で、僕はナナの顔を見ていなかった。ナナの一つ前の子どもの健康状態について、健康観察表に記入していたのだ。記入をしながら僕はナナの名前を呼び、「はい、元気です！」の言葉を聞き、「問題なし」と判断し、次の子どもの健康観察へと移ったのだ。

結果として、僕は顔面蒼白のナナを見逃した。

子どもは言語化する力が育ちきっていない。自分の思いや考えを正確に表現するのが難しい。中には、意図的に事実を語らない子どもだっている。

だから、**担任は子どもからの情報を「言語」からだけでなく、「非言語」からも収集しなくてはならない。**

「顔が青白いな。具合が悪いかな？」

「目にちょっとくまがあるな。夜更かししたかな？」

「今日は髪の毛がボサボサだな。おうちの人が夜勤で起きられなかったかな？」

「昨日と同じ洋服だな。家庭内で何か起きたのかな？」

「真夏なのに長袖を着ているな。腕に見られたくない何かがあるのかな？」…。

「非言語情報」から子どもの内心や背景を考察することで、子どもの状況をより正確にキャッチできるようになる（下図が分かりやすい例）。
結果、不測の事態が起きた際の担任の初動が圧倒的に早くなる。
これを俗に「アンテナの高い教師」と呼ぶ。

ナナの件以降、僕は朝の健康観察では必ず子どもの表情等を観察しながら名前を呼ぶようになった。

たまに、子どもに健康観察をさせている担任を見かけることがある。担任はといえば…、宿題の丸付けに没頭している。見ていて冷や冷やしてしまう。

過去の僕のような失敗をしないためにも、健康観察は担任の責任において、担任がおこなうようにしよう。

※子ども同士で健康観察をさせつつ、同時に担任も子どもの様子をチェックしているのならば問題ない。

非言語情報により言語情報の意味が変わりうる例

大事故につながる出欠確認

健康観察の時間では当然「出欠の確認」も丁寧におこなおう。

「丁寧？　出欠確認なんて子どもがいるか、いないかだけだろう。丁寧にやる必要なんて全くない」

おそらく、過去の僕ならそう文句を垂れただろう。そんな駆け出し教師の僕がやらかした致命的なミスを共有したい。

僕が担任する小学1年生のユウセイが欠席した。僕は健康観察表に「欠」と記入し、保健室に報告した。すると、教室の内線電話が鳴った。養護教諭からだった。

養「宮澤先生、授業中にごめんね。ユウセイ君、どうして休んでるの？」

宮「え？　分かりません。教室にいなかったので。かばんもありません」

養「ありがとう。ユウセイ君の兄弟に確認してもらえる？　3年生だったよね？」

宮「分かりました」

僕はすぐにユウセイの兄弟の担任に連絡をとり、欠席理由を確認してもらった。ところが、ユウセイの兄弟も「知らない」とのことだった。

僕は保護者のケイタイに電話をかけた。3度かけても繋がらなかった。職員室がざわつき始めた。管理職からの指示で、僕はユウセイの自宅に向かった。授業は自習に切り替えた。幸いT2の先生がいたため、後を託した（T2：アシスタント的な役割の同僚）。

僕は学校の自転車をこぎ、ユウセイの家に向かった。ものの5分で到着した。チャイムを鳴らした。何の反応もなかった。

試しに玄関のドアノブを引いてみた。ドアが開いた。隙間から家の中を覗いてみた。何の音もせず、人の気配もなかった。

「ユウセイ君！　いるか!!」

僕は大声でユウセイの名前を呼んだ。

「ユウセイ君！　いないのか!?」

返事はなかった。

自分で自分の足が震えていることが分かった。
僕は家のドアを閉め、どこか別の場所を探そうと思った。
ユウセイの家の近くには大きな川があった。どんどん嫌な想像が膨らんできた。その時
「先生？」
家の中から、外にいる僕を呼ぶ声が聞こえた。
ユウセイだった。

その後のことはよく覚えていない。ひどく記憶があやふやで、思い出そうとしても思い出せない。でも、怖くて仕方なかったこと、そして心底ホッとしたことだけは覚えている。

事の真相はこうだ。
ユウセイの保護者が早番のため早朝に出勤し、兄弟だけ残された。兄は登校の準備を整えたが、弟のユウセイはなかなか準備が進まなかった。イラだった兄は、先に家を出た。残された弟のユウセイはいつの間にか眠ってしまった。そして、僕の声で起きたのだ。
ここからは僕の想像だけど、一人ぼっちになったユウセイは、きっと家の中で泣いてい

たのではないか。そのうちに泣きつかれ、眠ってしまったのではないか。…何となく、そんな気がしている。そんなユウセイを想像すると、胸が締めつけられる。

事務的に「欠」と1文字だけ書いて、ユウセイの欠席を処理した自分が情けなくて仕方なくなる。

子どもの出欠を決定するのは担任じゃない。保護者だ。

ところが今回の件は、保護者からの欠席連絡が無かったにもかかわらず、担任である僕が独断で子どもを「欠席」と判断した。たまたまユウセイが無事だったから良かったものの、担任の危機管理意識の低さが露呈されたことに疑いの余地はない。

健康状態と同じくらい、出欠の見極めも重要な仕事だ。健康観察の度に意識してほしい。

「その空いている席は、本当に欠席か?」と。

反発の芽を摘む「担任からの連絡」

朝の会の「担任からの連絡」は、子どもが一日の見通しをもつ上でとても重要な時間だ。僕は大抵、５つの事柄をテンポよく話す。次のページの表にまとめてみたので、まずは表の内容から目を通してほしい。

最もデリケートにおこなうべきは「②」の変更点の伝達だ。子どもによっては担任に対して反発心を抱くことがある。精神的な苦痛に耐えられず、教室を飛び出す子どもさえいる。こんな状況を防ぎつつ、変更点を伝えるためのポイントが二つある。

一つ目は、行き当たりばったり伝えないことだ。変更点は必ずこの朝の会で伝えるようにする。子どもは予定の変更を好まない。けれど、本当に嫌なのは「急に予定を変更されること」なのだ。「そんなの聞いてない」という驚きや悲しみが、やがて「怒り」や「敵意」となって担任に矛先がむく。だから、一日の中の予定変更は必ず朝の会で伝えよう。必ずだ。

①一日の見通し	一日の流れを確認する。集合場所など、普段と異なることは念押しして説明したり、予定表黒板に追記したりする。
②変更点	授業等の変更点があれば伝える。
③その他	おすすめは「早退者」の情報共有。「早退者の帰りの支度」をうっかり忘れることがなくなる。
④質問募集	子どもから質問を受けつける。
⑤ホっと一安心する言葉	「全員そろって嬉しいよ」など、心がホっとする一言を伝える。時にユーモラスな話をすることも。

「担任からの連絡」で話す内容

二つ目は、正当な理由を添えることだ。例えば、子どもたちが楽しみにしている水泳の授業の中止を伝える場合、

「今日の水泳は中止です」

ではなくて、

「水温を調べた結果、基準よりも約1.5度低いことが分かりました。今日の2時間目の水泳は中止です」

というように、その理由や根拠を分かりやすく伝えるようにする。子どもたちは落ち込むだろうが、その「悲しみ」が「怒り」に変換されることはない。水泳中止の理由に納得しているからだ。

ところが、予定変更の理由を添えたにもかかわらず、反発心を抱かれる担任がたまにいる。彼らはこんな理由を伝えがちだ。

「算数が遅れているので、体育をやめて算数をやります」

「「宿題忘れ」が多かったので、お楽しみ会は中止です」

「実験の準備ができていないので、理科ではなく国語をやります」

などだ。

恥ずかしながら、これらは全て駆け出し教師の頃の僕の口から出た言葉たちだ。授業が遅れている「焦り」、宿題がそろわない「苛立ち」を子どもにぶつけていた。果ては、授業準備をさぼった「尻ぬぐい」を子どもにさせていた。

子どもたちからの面と向かってのクレームはなかった。だけど、彼らの心の中では反発の芽がむくむくと育っていたことを僕は知っている。彼らの僕に対する目を見れば、すぐに分かる。

「自分が言われて納得できないこと、自分がされて納得できないことは子どもにはしない」。これも大事な学級経営の原則だ。

朝に読書をする時間があれば、たまに担任が子どもたちに読み聞かせをしてあげるととても喜びます。

僕は読み聞かせをする時には、必ずキャンドルに火を灯します。そして、読み終わった後にふっと火を消します。火を消す瞬間に「お願いごと」をすると、なぜか不思議とそのお願いが叶うのです。

子どもたちはこの時間が大好きです。

ちなみに、僕のおすすめ本はロアルド・ダールの『ぼくのつくった魔法のくすり』です。

CHAPTER 4

1時間目

～最初に整えるべき「学習基盤」～

「学級経営」の定義

朝の会が終わるといよいよ授業が始まる。担任の一日の多くは授業に充てられているため、自ずと学級経営も授業の中でおこなうことになる。

ここでは学級経営や授業をする上で最重要の「学習基盤」の整備についてたくさん紹介していこう。

本題に入る前に、一度「学級経営」の定義を共有し、頭の中を整理しておくことにしよう。

僕は学級経営を「**効果的かつ効率的に子どもの成長を促すための担任による全ての営み**」と定義している。

「1年間で子どもをたくさん成長させるための担任の仕事」と言い換えると、少しだけ分かりやすくなるかもしれない。

「教室をホームグラウンドにすること」と例えてもいい。

野球やサッカー等のスポーツでは、アウェイよりホームでの試合の勝率が高くなることが多いようだ。プレイしやすいスタジアム、使い慣れたロッカールーム、応援してくれる大勢のファンたち、仲間たちのリラックスした雰囲気、冴える監督の采配、そして地元びいきの審判のジャッジ（笑）…。これらにより、ホームでおこなう試合が選手や監督の力を一層引き出す…ということが、時にあるのだろう。

真偽を確かめたかったので、2023年のサッカーの戦績を検索してみた（「Footy Stats」より）。

Jリーグの優勝チーム「ヴィッセル神戸」の戦績はホームが11勝4分2敗、アウェイが10勝4分3敗だった。

2位の「横浜マリノス」についても調べてみた。戦績はホームが11勝4分2敗、アウェイが8勝3分6敗だった。

念のため、最下位の「横浜FC」の戦績も調べてみた。結果、ホームが5勝3分9敗、アウェイが2勝5分10敗だった。

この際「世界最強のサッカーチーム」として呼び声が高い「レアル・マドリード」（スペ

インリーグ）の戦績も調べてみた。ホームが13勝5分1敗、アウェイが11勝1分7敗だった。

ホームとアウェイでとんでもなく大きな戦績の差があった！　…というわけではなかったけれど、どうやらホームの方がどのチームも善戦している傾向があるようだ。

僕は、サッカーチームと似たようなことが教室にも当てはまると思っている。子どもが心地よく生活し、子ども同士のけんかはなく、担任はいつも機嫌がいい。そんな空間では、担任も子どももも伸び伸びと自分の力を発揮できるだろう。

教室にそんな雰囲気をつくり、子どもの成長の後押しをするもの。それが学級経営なのだ。

それでは、いよいよ授業の中でおこなう学級づくりについて話そう。

授業を定刻に開始する

授業をおこなう上で大切なことは、時間一杯授業をやりきることだ。「何を当たり前のことを」と思われるかもしれない。けれど、これができている学級は意外と少ない。チャイムきっかりに授業を始め、チャイムきっかりに授業を終えている学級の方が少数派だと思う。なんやかんやで授業開始時刻が30秒とか1分、時には5分ほど遅れたりしている。

仮に授業が年間1000コマあったとする。授業の開始が毎回1分間遅れたとする。すると、結果的にその学級の子どもたちは1000分間の学習時間を損失したことになる。

さらに、「時間は守らなくていい」という誤った認識を学ばせている恐れもある。**授業開始が遅れることは百害あって一利無しだ。**だから、僕はここに関しては徹底して指導したり、仕組みを整えたりする。特に、朝の会が延びがちで定刻開始が厳しくなる1時間目の授業は要注意だ。それでは、具体的な指導法を紹介しよう。

まず、授業を定刻に開始するにはシステム構築が圧倒的に有効だ。システムとは仕組みのこと。大人の存在や子どもの意欲等に依存することなく、目指す状況を安定して実現するための効果的な学級経営の手札だ。

僕の場合、タイマーを活用するようにしている。授業開始時刻にタイマーをセットし、起動する。タイマーは大きくて見やすいもの、そしてカウントダウン機能があるものが望ましい。

キッチンタイマーはおすすめしない。「ピピピッ」という音は聞こえるけれど、字が小さくて残り時間がまるで分からず、子どもの注意が時間に向きづらい。聴覚支援にはなるけど、視覚支援にはならない。

慣れてきたら、日直にタイマーの使用権を与えるといい。これにより、日直が次の授業を開始する主導権を握ることになる。日直がタイマーをセットすることで、日直自身の時間意識が格段に高まる。それが

「席についてください」

とか

「授業が始まるよ」

という声かけに繋がる。

教室後方から見た時の電子黒板タイマーとキッチンタイマー

このようにして仕組みを整備すると、キミが出張で学級を不在にしていても、子どもたちだけで定刻通りに授業を開始できるようになる。代わりに教室に入ってくれた同僚は決まって

「私が教室に到着したら子どもたちがもう授業を始めていて驚いちゃった」

なんて言ってくれる（ちょっと嬉しい）。

このシステム構築は、担任の経験や能力に依存することなく、安定した成果を上げられる学級経営の重要な鍵の一つだ。特に経験の浅い若手教師には大きな武器となりうる。この後もシステムをいくつか紹介するので、楽しみにしていてほしい。

授業開始のあいさつでメリハリをつくる

授業開始時にあいさつをすることをおすすめしたい。休み時間直後の子どもたちの興奮

が冷め、乱れた机環境が整い、落ち着いた雰囲気の中で学習を開始できるからだ。
これもシステムの構築が効果的だ。日直が次のように言えばいい。

「立ちましょう。**机と椅子を整えましょう。**姿勢を正しましょう。これから算数の授業を始めます。お願いします」

ポイントは「机と椅子を整えましょう」だ。この一言により、子どもたちが一斉に乱れた自分の机を整える。担任がいてもいなくても、学習の準備が安定して整う。

ちなみに、姿勢の正し方に関しては「姿勢を正しましょう」だけでは不十分だ。抽象的すぎて、どの行動をどう修正すればいいのか分かりにくい。姿勢に関しては1度時間をとって丁寧に教えてあげるといい。指導のポイントは三つ。

① かかとかかとをそろえる
② 手の中指をズボンのサイドシーム（横の線）に合わせる
③ 前を見る

これだけだ。

このように**具体的に指示することで子どもの行動は飛躍的に改善する。**

指導をした後ならば、「姿勢を正しましょう」という抽象的な声かけでも十分に対応できるようになる。

ところで、中には「授業のあいさつはいらない。その時間が無駄なのですぐに授業を開始している」「あいさつはしているけれど座ったままやっている」という教師がいる。全く問題ないと思う。あいさつがなくとも子どもたちの気持ちが切り替わり、学習に向かえているのであれば、敢えてあいさつでメリハリをつくる必要はないだろう。

「同僚がやっているから」「やっていないから」ではなく、あくまで目の前の子どもたちにフィットした学級経営を追究していこう。

静寂をつくる

子どもも大人もみんなが平等にもっている「人権」。これには、「自分の思いや考えを無視されない」「相手に自分の意見を聞いてもらえる」ことも含まれていると思う。だから、僕は子どもの意見をよく聞くようにしているし、子どもにも僕の話をよく聞いてくれることを望む。

それに、説明、指示、発問、提案、承認、ほめ、指摘、叱り、励まし、鼓舞…等、担任による子どもへの働きかけの多くは言葉を通しておこなわれる。その効果を最大化するためにも、やっぱり担任の話をよく聞けるようになってもらいたい。**そのために、学級が静寂をつくれるかどうかは学級経営の生命線といっても過言ではない。**

静寂をつくる際におすすめの声かけは二つある。

一つ目は、「今からお話をします。手を止めましょう。おへそと顔をこちらに向けましょう」などと、「静かに聞く」という態度が習慣化するまで指導を繰り返すことだ。

二つ目は、「感謝の想い」を伝えることだ。「相手の話を聞くことは相手を大切にする第一歩だよ。今、先生はすごく大切にされている気がするよ。だって、たくさんの人が僕の話を聞いてくれているから。嬉しいよ。ありがとうね」と。

「静寂をつくれる学級が、授業が成立しないほど荒れている」という状況を僕は未だかつて見たことがない。「静寂づくり」を失敗しなければ、学級や授業が荒れるという状況を大幅に減らせると考えている。

ここだけは何があっても曲げてはならない。「一人でも聞いていない子どもがいるうちは一切授業を進めない」、それぐらい強い気持ちで臨もう。

静寂をつくらせる

聞くべき話は何も教師の言葉だけじゃない。当然、友だちの言葉もしっかり聞くように育てていこう。

ところが「友だちの話を聞きましょう」と指導しても、多くの場合、すぐに話を聞けるようにはならない。大人の口から出る正論はいつだって退屈で、子どもの心にはヒットしないからだ。

こんな時は、子どもが子どもに訴えかける「発表手順」を設けるといい。つまり、発言時の一言目に必ず

「言ってもいいですか?」

と尋ね、尋ねられた子どもたちが

「はい」

とか

「いいです」

などと応答させるようにする。たったこれだけで、それまで騒がしかった学級の子どもたちの聞く態度はみるみる改善する。種を明かすと、きちんと話を聞いていた子どもたちが突然返事をするので、私語等にふけっている一部の子どもたちは驚き沈黙する。結果、静寂が訪れる。子どもたちの返事を聴覚支援として活用する上級テクニックだ。

余談になるけれど、敢えて静寂をつくらずに「和気あいあいとした雰囲気」の中で学習を進めることもできる。あちこちで学習に関わる話に花が咲いている。にもかかわらず、状況に応じて子どもたちが瞬時に静寂をつくることができる。学級としては上質な姿だ。

いずれはこのような学級の姿を目指したいものだけれど、焦りは禁物だ。まずはその第一歩として、「静寂をつくること」「つくらせること」から教えていこう。

授業の流れをルーティン化する

人は変化を嫌う。できるだけ波乱のない安定した日々を繰り返したいと願う。

そして、ある程度平穏な生活が訪れ、安全と安心が確保されて初めて「ちょっと冒険してみようかな？」と思うことができる。

授業にも同じことが言える。

授業の展開に「基本の型」をつくる。すると、子どもは感覚的に「見通し」をもつことができるようになる。見通しは「次は一体何をするんだろう？」という不安感を静めてくれる。結果、学習に対する余計なエネルギー消費を抑え、よりチャレンジングな態度で学習に向かうことができるようになる。

僕は大抵、次の様な流れで授業を進めることが多い（教科や単元にもよるけれど）。

①子どもが課題を把握する（5分）
②子どもが一人で考える（5分）
③子どもがペア（グループ）で考えを交流する（2分）
④学級全体で考えを交流する（14分）
⑤子どもと共に学習のまとめをする（2分）

⑥子どもが一人で練習に励む（14分）
⑦子どもが振り返る（3分）

特に春先は、どの教科でもできる限りこの形でおこなうことを意識している。1か月も続ければ、子どもたちはすぐに流れをつかんでくる。

…と言うと、「いつも同じ展開の授業は退屈なんじゃない？」と突っ込まれる気がする。ところが、案外そうでもない。先ほどの授業の流れはあくまで「基本の型」であって、いくらでも応用をきかせることができる。

例えば、個別最適な学びの時間を増やしたいなら、③と④の「交流」の時間を縮小して、⑥の練習時間をガッツリと確保すればいい。お手軽に自由進度学習っぽくなる。

グループ学習を充実させたければ、⑥を縮小して、③の時間をたっぷり確保してあげればいい。途端に「対話的な学び」が促される。

逆説的に聞こえるかもしれないけれど、応用的な指導をしたければ、むしろ基本的な指導に力を入れるべきだ。すると、自然に応用がきくようになってくる。

活動と活動を区切る

活動と活動を区切り、今から「何を」「誰と」「何分間」おこなうのかを明確にしよう。次のような感じだ。

「それでは活動を止めて、一旦こちらを見ましょう。（手が止まり、視線が集まり、静寂をつくれたら）今からペアで交流を始めます。時間は2分間です。質問はありますか？それでは始めます。スタート（タイマーを起動する）」

ポイントはタイマーを使って残り時間を可視化させることだ。これにより、子どもたちは残り時間に応じて学習活動の速度を調整できるようになる。

絶対に避けたいのは「活動と活動の区別がない」こと。そして「担任時計を使うこと（計測せずにアバウトに時間を伝えること）」だ。その場合、次のような騒然とした雰囲気がうまれる。

「それでは皆さん、まだ活動中だと思いますが次の活動の説明をしますね（子どもたちとは目が合わないしあちこちで雑談がある）。今の学習についてペアで交流をしてもらいます！　質問はありませんね？　皆さん、話を聞いていますか⁉　質問はないんですね？　では2～3分ぐらいでやってください！　ようい、はじめ！」

これは活動と活動の区切りが甘いため、説明を聞く「態度」にバラツキをうんでいる。結果、説明の「理解度」の差を助長することになる。最終的に、活動の「成果の質」の格差を一層広げることになる。

また、タイマーを使っていないため、子どもは残り時間が分からない。きっとこの後「先生あと何分ですか？」という質問があちこちから教師に対して飛んでくるだろう。これはコミュニケーションとは呼ばない。不要なコミュニケーションコストだ。

授業は活動を区切ってメリハリをつくりつつ、タイマーを使ってシームレス（順調に進行するさま）に。これで学習基盤は一層強固なものになるはずだ。

授業を定刻終了する

「子どもから嫌われる教師ナンバー1」…かどうかは分からないけれど、とにかく授業を延ばす教師は嫌われる。休み時間が削られれば当然子どもたちは快く思わない。**子どもに授業の定刻開始を求めるのなら、教師は授業の定刻終了を心がけるべきだ。**教師の労働時間と同じくらい子どもの学習時間にも配慮したい。

僕は授業を定刻で終了するために、三つのことを心がけている。

一つ目は、「導入」を長引かせないこと。低学力の子どもが課題を把握できるように具体物やロールプレイをまじえつつ、テンポよく進める。目安は5分程度だ。

二つ目は、学級全体での交流を長引かせないこと。「子どもたちだけで解を見つけてほしい」という願いが強ければ強いほど交流の時間を延ばしがちだ。**教師は話し合いを促すファシリテーションと、話し合いを前進させるリーダーシップのバランス感覚を大事にしたい。**授業にもよるけれど、僕は全体交流の目安は15分間程度としている。

三つ目は、チャイムが鳴ったら授業を潔く終わらせるということ。たとえ授業が途中だったとしても、スパッと終わる！　続きはまた今度！　これが一番気持ち良い。

時間を守れる子どもを育てたいのなら、「時間を守りましょう」という言葉よりも担任が態度で示す方が何倍も効果がある。

授業というと学習活動、学習指導、学習形態、学習ツールに目が奪われがちだけど、それらは全てこの学習基盤の上に乗っかっている。特に年度初めはこの学習基盤の整備にしっかりと時間を割いていこう。

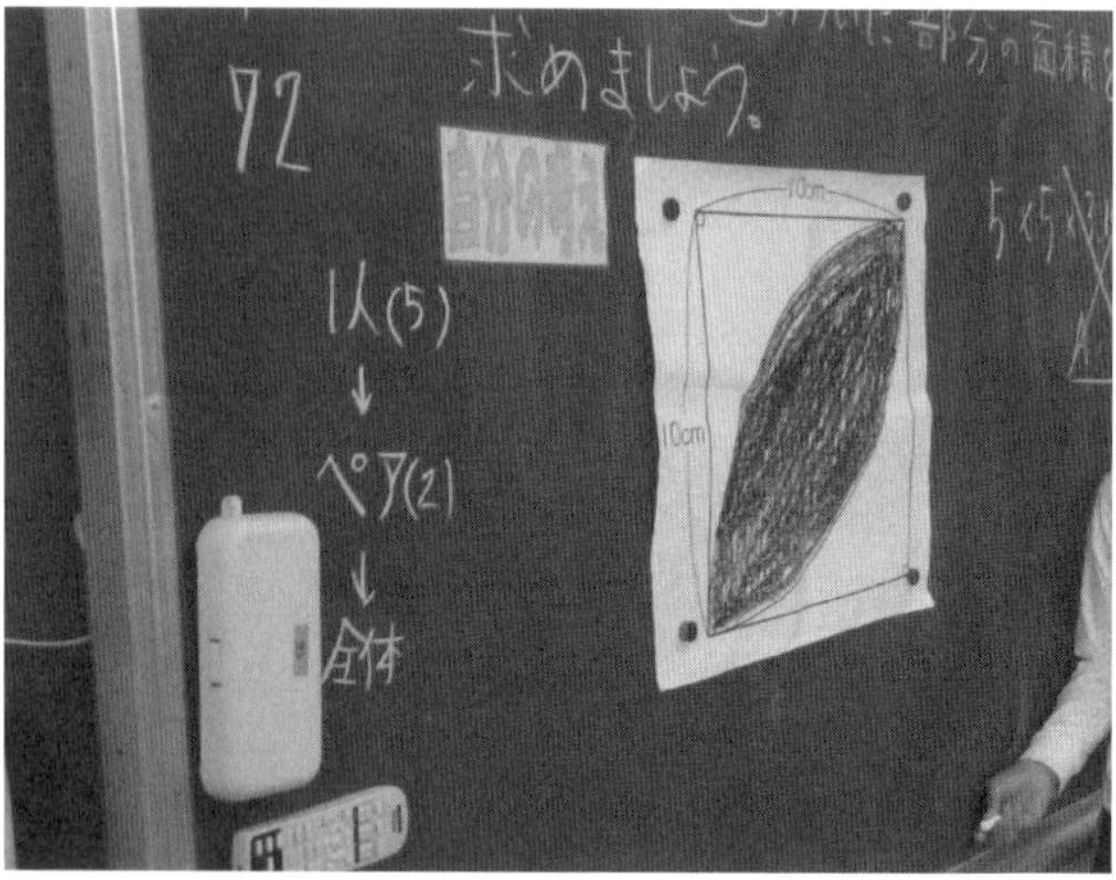

「授業の流れのルーティン化」は意義のあることですが、その流れを「見える化」することで、子どもたちはもっと安心して学べるようになります。

…と偉そうに言っていますが、この「見える化」は京都市立御所南小学校の当時の同僚、松本伸明先生から教わったことです。僕より若い先生でしたけど、「先輩、こうするといいっすよ」と優しく教えてくれました。

先輩からも後輩からもいろいろ教わりながら、少しずつ成長することができました。

CHAPTER 5

2時間目

～校庭の授業で一番大切なこと～

安全管理と学習指導要領

授業を外でおこなうことがある。体育、生活、総合的な学習の時間、理科等だ。時数として多いわけじゃないけれど、学級経営的には重要な要素がいくつも隠れている。校庭で授業をしている自分の姿、そして子どもたちの姿を想像しながら聞いてほしい。

僕は、僕のせいで子どもに大けがをさせたことがある。

小学1年生にハルトという元気いっぱいの男の子がいた。この日、僕たちは鉄棒の学習をしていた。前回り（前方支持回転）を教えようと思った。下のイラストにあるように、くるっと回って、元の位置に戻ってくるおなじみの技だ。

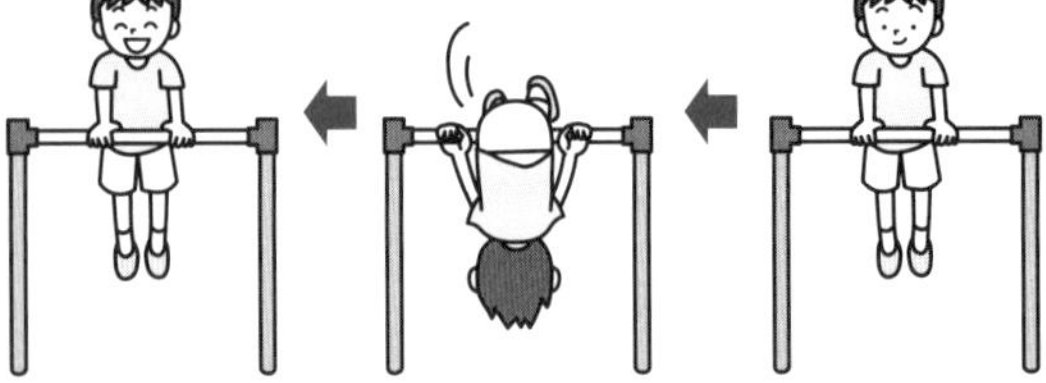

「前回り、できる人いる？　見本みせてくれる？」

僕が尋ねると、ハルトは元気に

「はいっ！」

と言って、手を挙げた

僕はハルトの隣につき、補助の態勢をとった。ハルトは勇んで手本を見せてくれた。ところが、ハルトは回っている最中に手を滑らせた。僕の補助は間に合わなかった。ハルトは勢いよく地面に落下した。腕を骨折した。

その日の放課後、保護者は僕にこう言った。

「うちの子、実は前回りなんてやったこと、一度もないんです。いえ、この子が悪いんです。先生は悪くありませんから、本当に気になさらないでください」。

子どもの骨折を心配する自分と、「責められなくて良かった」と心のどこかでホッとしている自分がいた。我ながら、最低だと思った。

今回の事故の原因は一体どこにあるだろう？

・ハルトの「できる」という言葉を鵜呑みにしたこと？
・授業者である僕が見本を見せなかったこと？
・補助が遅れたこと？

きっと、どれも少なからず今回の事故に関わってはいるだろう。でも、主たる原因は他にある。それは

・僕がハルトに前回り（前方支持回転）をやらせたこと

だ。

当時の小学校学習指導要領の体育の低学年のページにはこんな記載がある。

鉄棒を使った運動遊びでは、支持しての上がり下り、ぶら下がりや易しい回転をすること。

ここでいう「易しい回転」とは何だろう。曖昧だ。しかし、多くの小学1年生にとって、前方支持回転は易しい回転とは言えないだろう。…少なくともハルトにとって、前方支持回転が易しい技でなかったことは、保護者の言葉からも明らかだ。

では、なぜ僕はハルトに易しくない技をやらせたのか。

僕はその答えを知っている。

それは、そもそも僕が「学習指導要領」を読んでいなかったからだ。「易しい回転をすること」という一文を読まず、しかも「これぐらいできるだろう」という浅い児童生徒理解のまま学習指導をおこなったからだ。

事故の後、僕は学習指導要領の鉄棒のページをめくり、さっきの文を見つけた。血の気が引いた。

「学習指導要領なんて、読んで何の意味がある？」
「こんなの教員採用試験のために勉強するためだけのものだろう？」

過去、僕はそう思っていた。でも、それは大きな間違いだった。**学習指導要領はすごく大事で、子どもの発達段階に合うように学習内容が配列されている。**そして、それに基づいて教科書や指導書がつくられたり、日々の授業はおこなわれたりしている。

でも、当時の僕にとって、学習指導要領に書かれている内容があまりに大きくて抽象的だから、一見自分の授業と繋がっているように思えなかった。

その事故以来、僕は新単元に入る前に必ず学習指導要領を開くようになった。それからだと思う。子どもをきちんと守れるようになったのは。そして、僕の授業力がメキメキと伸び始めたのは。

安全管理にはたくさんの方法があるけれど、学習活動の大元である学習指導要領を確認することを忘れないでほしい。

教師の理解不足のせいで子どもにケガをさせる、なんてことは、もう僕で最後であってほしい。

小技①〜体育の前に服をたたませる〜

ちょっとシリアスな雰囲気になってしまったので、校庭で使えるライトな小技を紹介して、少しテンションを上げよう！

例えば体育の授業。校庭に出る際、体育の服装に着替えてから外に出る（着替えない学校もたまにある）。この時担任は早く校庭で授業準備をしたいため、子どもより先に教室を出ることが多い。ここが盲点だ。

子どもたちの中には、着替えたものをたたまずに机の上や床に放置する子がいる。これが破損や紛失等、学級の秩序の綻びに繋がる場合がある。

一度、洋服の畳み方を教えてあげるといい。

「え！　教師がそんなことまで教えるの？　それって家庭の躾じゃないの？」、そんな言葉を言いたげなキミの表情が目に浮かぶ。

申し訳ないが、僕もそう思う（笑）。

だけど、「できない」実態が目の前にあるのなら、もはや思い切って指導してあげてしまった方が、結局学級は安定する。巡り巡って、担任も楽になる。

小技②～集合は器具庫の近くで～

校庭での授業開始のあいさつの後、器具庫等から用具を出すことがある。そんな時は、**そもそもの集合場所を器具庫前にすると学習の効率が高まる。**子どもたちの「移動」の時間をカットできるからだ。

子どもの中にはスムーズに移動できず、鬼ごっこを始めたり、虫を追いかけたり、座ったまま立ち上がらなかったりする子がいる。結果、学習班内の衝突に繋がったり、学習時間が削られたりすることがある。

ところが授業冒頭の集合場所を器具庫前にしておくことで、移動の時間が短縮され、学習活動がスムーズに展開される。

校庭はもちろん、体育館での授業、遠足等（トイレの近くに集合する等）でも使える小技だ。

小技③～集合時はお日様に背を向けさせる～

これはもう基本中の基本だと思うけれど、念のために確認しておこう。子どもたちを屋外で集合させる際は「太陽の位置」に気をつけよう。授業者と太陽が同じ方向にある場合、子どもたちはまぶしくて授業者を直視できない。ここから、「無限手遊び」がスタートする。**いつでも太陽が子どもの背中側にくるように、授業者は立つ位置を決めよう。**

ちなみに太陽以外にも集中阻害要因はたくさんある。例えば道路や昇降口だ。道路には車やバイクが通るし、昇降口からは別の学級の子どもたちがおしゃべりをしながら出てくる場合がある。

担任の説明の最中にこれらと出くわすと、子どもの視線を一発でもっていかれてしまう。

「太陽、道路、昇降口は子どもの背中側」、これを忘れずに！

小技④ ～叱り方はより紳士的に～

校庭での学習中、時に子どもを注意したり叱ったりすることがある。この時、怒鳴るような叱り方、長時間の叱責、皮肉めいた嫌～な伝え方にならないように注意しよう。

地域の人は校庭での学習の様子を案外見ているものだ。ところが、彼らは教師の指導する様子は見えても、そこに至るまでのプロセスまでは分からない。にもかかわらず、叱る教師の姿だけを見て「あの教師はひどい教師だ」などと決めつけられてしまっては、たまったものじゃない。

地域、家庭が敵に回ることほど恐ろしいことはない。サッカーチームのファンが突如アンチに変貌するようなものだ。つまり、学級経営が効果的でなくなるということだ。もちろん、普段から子どもへの関わり方は冷静であるべきだけれど、校庭などの屋外での関わり方には一層敏感になろう。

関連して、運動会の練習等でマイクを使って授業をすることがある。この声が実によく響く。もちろん地域中にも届いている。その時に、

「おい、タケシ！　ちゃんと走れえ！　何回言わせるんだあ！」

などとマイクを通して叫んだら、地域住民たちは皆驚くだろう。中にはタケシの保護者にすぐに連絡する人もいるかもしれない。もしかしたら撮影や録音をする人、さらにはそれをインターネット上に拡散しようとする人もいるかもしれない。

望む、望まないにかかわらず、キミの指導は世界と繋がる可能性がある。

校舎外での学習はいつも以上に紳士的におこなおう。

小技⑤ ～給食当番から教室に戻す～

校庭での授業後は、教室まで戻るのに時間がかかる。特に4時間目に体育があり、給食が迫っている時なんかは大変だ。この時におすすめしたい方法がある。

それは、**授業終了後、ひとまず「給食当番のみを先発隊として教室に戻してしまう」**のだ。これにより靴箱付近での混雑が減る。すると、水道での手洗いの順番待ちも減る。結果的に、スピーディーに給食準備をおこなうことができる。

ただし、給食当番の準備ができたからといって、子どもたちだけで給食を給食室に取りに行かせてはならない。やけど等をした時に速やかな対応ができないからだ。給食エプロンを着て、整列までさせておけばバッチリだ。

CHAPTER 6

中休み

～子どもから少しずつ離れる～

多くの学校が2時間目の授業の後に20~25分間ほどの休み時間を設定している。呼び方は「中休み」「中間休み」「業間休み」など様々だ。この長めの休み時間で、担任はどのように過ごすと良いだろうか。あまりクローズアップされることの少ない「担任の中休み」について一緒に考えてみよう。

担任も休憩できる中休み

教師には毎日45分間、休憩する権利がある。その時間は仕事をしなくてもいいという権利だ。また、その休憩時間は分割して取得することも可能だし、子どもの中休みの間にとることも可能だ（奈良県下市町のＨＰが分かりやすい）。担任業は心身共に大きく疲労する仕事だから、しっかりと回復に充てる時間を確保しよう！

唐突だけど、僕は教師と包丁はよく似ていると思っている。包丁は時々その刃を砥いであげないと食材を切るのに余計に時間がかかったり、余分な体力を使ったりしてしまう。

実際、給食をつくっている調理員さんたちが使用している包丁は定期的に専門の業者が砥いでいることが多い。あれほどの量の給食を1年間安定供給するには、切れ味鋭い包丁を使わなくてはならない。**プロにはプロにふさわしい道具があるし、また、その状態をキープする必要がある。**

教師も同じだ。教師は教師自身が「刃」だ。自分を酷使し続ければ必ず勤続疲労を起こす。すると指導の質が落ちる。包丁とは違って気づきにくいけれど、くたびれた担任の指導は確実に精彩を欠く。だから、休憩時間は遠慮なく堂々と回復に充ててほしい。

もちろん、自分の意思で休憩せずに、仕事を続行することも可能だ。これを読んでくれているキミには是非ともゆっくりと休憩してほしいところだけれど、もしも仕事を継続したいのであれば、その例を少し紹介しよう。

子どもと遊ぶ中休み

「中休み」は授業とは異なる子どもの表情を見ることができる。この情報はダイレクトに学級経営に役立つ。もしもキミの心身が充実しているのなら、休み時間に子どもと一緒に遊んでみるのもいいかもしれない。

遊ぶ時のコツはいろいろな子どもと遊ぶことだ。「休み時間に遊ぶ」というワードを聞いただけで、なぜか僕たちは校庭で遊ぶことを連想してしまう。ところが、学級の中には校庭で遊んでいない子どもたちがたくさんいる。是非、そんな子どもたちとも一緒に時間を過ごしてみよう。お絵描きをする子、図書室に行く子、理科の先生に会いに行く子、体育館の裏の秘密基地に行く子…。そこには僕たちが知らない子どもの表情がたくさんある。

また、一人ぼっちで過ごしている子どもの存在は特に気にかけたい。子どもによっては全くストレスを感じていない場合もあるけれど、寂しさをこらえ時間をやり過ごしている子どもも中にはいる。彼らの内心の把握は簡単ではない。なので、一人で過ごす子どもを見つけたらとにかくこちらから「何してるの？　一緒に遊ぼう」と声をかけてみるといい。

ところで、担任が気をつけなくてはならないのが「学級全員を一緒に遊ばせること（通称、みんな遊び）」だ。子どもたちが納得できているのなら問題ないけれど、そうでないのならいたずらに不満を蓄積させる要因となりうる。

担任には「『みんな遊び』を通してあわよくば良い学級に仕立て上げたい」という思惑が少なからずある。けれど、彼らにとって中休みはあくまで休む時間だ。学級全体で一緒に遊びたい時は「みんなで遊びます。校庭に集合しなさい」ではなく、**「一緒に遊ぼう。良ければ来てね」ぐらいのソフトな言葉がけがちょうど良いと思う。**

また、その際「担任の教室を出るタイミング」は極めて重要だ。

例えば、元気いっぱいのショウタが学級全体に「みんな！　一緒に鬼ごっこしようぜ！先生も来てね！」と誘ってくれたとする。担任も人間だ。ちょっと嬉しくなる。しかし、そこでおいそれとショウタにくっついて外に向かうべきではない。担任としては「一体誰がショウタの誘いに乗らないのか」を把握しておきたい。「外が嫌いなのか？」「鬼ごっこが嫌いなのか？」「ショウタとの関係が良くないのか？」「担任がいるのが気に食わないのか？」「ゆっくりと読書をしたいのか？」「体調が悪いのか？」「児童会の仕事に追われているのか？」……。理由は分からない。分からないけれど、「何らかの理由により仲間からの誘いに乗らなかった子がいた」という事実を担任は把握しておきたい。

子どもから遊びに誘われたら、一呼吸おいて「**うん、一緒に遊ぼう。すぐに行くから、先に行って遊んでいてね！**」と言えるだけの心のゆとりをもちたい。

子どもと遊ばない中休み

僕が子どもと遊ぶのは概ね春の間だ。夏以降、遊ぶ機会を徐々に減らしていく。当然、子どもが嫌いになったからではない。外で遊ぶのが嫌になったからでもない。

遊ばない理由は「**子ども同士の関係を繋ぐため**」だ（ちなみに僕はこれを「仲間化」と呼んでいる）。担任がいると、どうしても遊びの中心を担任が陣取ってしまう。担任にそのつもりがなくても、子どもたちはそう思っている。

その証拠に一緒に遊んでいた子どもがケガをしたら「先生、マナミちゃんが転んじゃった」と知らせに来てくれるだろう。しかし、そこに担任がいなければどうだろう。もしかしたら…


転んで泣いているマナミに誰かが駆け寄るかもしれない。

誰かがマナミに励ましの声をかけるかもしれない。

誰かが肩を貸し、マナミが立ちあがるサポートをするかもしれない。

誰かが水道まで一緒に歩き、傷口を洗う手伝いをするかもしれない。

マナミに傷の具合を確認し、保健室に行くかどうかの判断を誰かが促すかもしれない。

誰か一人が付き添い、保健室にマナミを連れて行くかもしれない。

泣いているマナミに代わって、ケガの状況を誰かが養護教諭に説明するかもしれない。

休み時間の終了間際、校庭で遊んでいた子どもたちの中の誰かが保健室に立ち寄るかもしれない。

「マナミちゃん、大丈夫？」なんていう声を誰かがかけるかもしれない。

少し足を引きずりながら保健室から教室に向かうマナミとつかず離れずの距離感で誰かが

一緒に歩くかもしれない。…

一方、キミが子どもたちと一緒に遊んでいたらどうだろう。「先生、マナミちゃんが転んじゃった」の連絡を受け、当然ケガの対応はキミがするだろう。しかし、それで終了だ。担任として、何も間違っていない。当然のことをしている。ただ、それによって彼らが失ったものがあるのではないだろうか。

良い雰囲気の学級、子どもの満足度が高い学級、つまり子どもの成長を促せる学級は、担任と子どもが繋がるだけでは絶対に到達できない。子どもと子どもを繋いでやらなきゃならない。その時に、最大の阻害要因が実は担任である場合がある。

だから僕は、「子どもと僕の関係が概ね構築できてきたな」と判断したら、少しずつ子どもたちの中から僕の軸足を抜いていくようにしている。

とは言え、もちろん一緒に遊ぶ日はある。子どもに誘われて断ることは基本的にない。だけど自ら子どもたちの輪の中に飛び込んでいく頻度は確実に減っていく。

放課後の仕事を繰り上げる中休み

学級経営が順調に進むと子どもたちの「仲間化」が促され、担任の中休みには一層ゆとりがうまれてくる。そんな時、僕はせっせと「丸付けの残り」「授業準備」「印刷」等を済ませてしまう。

調子が良くてそれすらも終わってしまったら、普段なら放課後にするような事務仕事を繰り上げてガンガン処理してしまう。例えば、次のような仕事だ。

・翌週の予定表作成
・学級通信作成
・学年通信作成
・教室壁面への掲示
・業者への電話連絡
・職員会議の提案資料の作成…等

これらの仕事が中休みに全部終わることはないけれど、徐々に放課後の仕事のウェイトが減ってくることは確かだ。

事実、僕は少しずつ退勤時間が早くなっていった。ゆっくりとお風呂に浸かったり、家族と顔を合わせてご飯を食べたり、子どもと相撲をとったり、子どもが寝静まった後に妻と談笑したり、ぼけ〜っと動画を見たり、早く寝たりできるようになった。

これこそが、明日も元気に明るく笑顔で「おはよう」と子どもを迎える秘訣だ。その鍵を握っているのは、実は**「如何に子どもがいる時間に仕事を捌けるか」**だ。

僕は学級経営を「効果的かつ効率的に子どもの成長を促すための担任による全ての営み」と表現した(チャプター4で)。子どもと遊ぶことは学級経営の分かりやすい例だ。だけど、事務仕事をサクサク片付けることで明日自分が笑顔で教壇に立てるなら、これもまた学級経営といえるのではないだろうか。

子どもの成長を一層促すために、今日の中休みは休憩すべきなのか、子どもと遊ぶべきなのか、事務仕事に没頭すべきなのか。担任の判断力が問われている。…もちろん基本は休憩してほしい！　僕なんかフルマラソンの大会にエントリーするために、中休みをがっつり使って銀行振込をしに行ったこともあったぞ！

僕は、中休みは職員室で過ごすことが多いです。

まずは決まってワンドリップコーヒーを淹れ、ほっと一息つきます。そして、窓の外をぼ~っと眺めます。

窓からは、信州の爽やかな風に乗って子どもたちの笑い声が聞こえてきます。

たまに、僕を発見した子どもが手を振ってくれます。僕も手を振り返します。

こんな些細な日常の一コマが、時々たまらなく愛おしくなります。

CHAPTER 7

3時間目

～正直者がバカをみない「教室移動」～

他律→規律→自律

音楽室や理科室等の特別教室での授業を子どもたちは楽しみにしている。いつも過ごしている教室とは雰囲気が変わるからかもしれない。

一方、担任の多くはある問題に頭を悩ませている。それが「3時間目の特別教室の授業、なぜか遅刻しがち問題」だ。教室ではできていた「授業の定刻開始」がなぜか特別教室ではできなくなってしまうのだ。これを放置すると学級の秩序が乱れていく。

ここでは「特別教室の授業でも安定して定刻開始を実現する指導」について話してみよう。

まず、指導は子どもたちの「自制心のレベル」を正確に判断することから始まる。レベルは大きく3段階に分けられる（次のページの表）。

レベル1「他律」	他者によって自分が律されている状態。学校では教師の存在によってかろうじて学習している。担任に「並びなさい」と言われて初めて整列し、特別教室に連れていかれるような姿が見られる。
レベル2「規律」	規則によって自分が律されている状態。学校の規則は守るが規則から解放された途端（放課後等）にタガが外れる。ルールのある校内では定刻開始を目指して特別教室に向かうのに、校外では平気で時間や約束を破る。
レベル3「自律」	自分で自分を律している状態。人や規則の有無にかかわらず、自分の価値基準に基づいて望ましい行動に努めている。学級全体で集合・整列をしなくても、自分の意思で定刻までに特別教室への到着を目指そうとする。また、校外でもその態度が持続する。

子どもの自制心の段階

担任は表のような子どもたちの自制心レベルによって指導方法を柔軟に変える必要がある。

学級開き直後は大抵どの学年・学級の子どももレベル1の「他律」の割合がやや多めだ。

だから、**ひとまず彼らをレベル2の「規律」の状態に引き上げるのが担任の当面の仕事になる。**

ちなみに、年度当初からレベル3の「自律」を子どもたち全員に求めることはやめたほうがいい。「自分で考えて行動しましょう」等の声かけはハイレベル過ぎて、いたずらに子どもに失敗経験を与えてしまうからだ。

それではここからは自制心を「他律」から「規律」の状態に引き上げ、特別教室でも授業の定刻開始ができるような子どもの育て方について話そう。

タイムテーブルを確認する

チャプター4でも解説したけれど、タイマーを使うことで授業の定刻開始はしやすくなる。ところが、3時間目の授業に関してはタイマーを使ってもなかなかうまくいかない。

なぜなら、子どもが教室にいないからだ。3時間目直前の中休みは、教室の外にいる子どもの人数が多い。したがって、いくら大きなタイマーを使ったとしても視覚支援にはならない。

では、どうするか？

結論を言うと、**教室に戻り始める時刻を学級全体で共有すればいい。**実のところ、子どもたちは授業準備に費やす時間を全く理解していない。理解していない子どもに「早くしなさい」と言っても暖簾に腕押し。

まずは、遊んでいる場所から特別教室に到着するまで、一体何分間かかるのかを学級全体で共有することがマストだ。実際の僕と子どもたちとのやりとりを書き出してみた（ちょっとセリフ調に編集している）。教室の子どもたちをイメージしながら読んでみてほしい。

担「いつも理科の授業が定刻に開始できず、ウシジマ先生が困っているようです。授業に遅れてしまう理由は何だろう？」

子「**教室を出発するのが遅いからだと思います**」

担「なるほど。では、この教室を出発すべき時間を一緒に考えてみよう」

（担任が黒板の上部に10：50と書く）

担「まず、理科の授業は10時50分に開始するよね。開始に間に合うためには、何時に教室を出発すればいいかな？」

子「3分あれば間に合うよね。10時47分かな」

担「10時47分に教室を出発だね（黒板に10：47と書く。以降も同様）。では、そのためには何時に整列を始めればいいかな？」

子「え〜と。2分ぐらいあれば整列できるよね。だから、10時45分ぐらいだと思います」

担「…10時45分ね。では、そのためには何時に手洗い・うがい・教科書準備を始めればいいかな？」

子「トイレは混む日があるからなあ。でも大体3分あればいけるかな。10時42分くらいです」

担「では、これで最後です。そのためには何時に遊んでいる場所から戻り始めればいいかな？　この教室から最も遠い「校庭」にいるとしようか」

子「え、校庭⁉　結構時間かかるからなあ。でも急げば3分ぐらいで戻れるような気がします。だから10時39分です」

担「はい、ありがとう。それでは黒板に書いてあるタイムテーブルを見てみましょう。これが「理科室に遅れないための中休みの動き」です。これを見て何か思うことはありますか？」

子「思った以上に早く遊びを切り上げなきゃいけなくて驚きました。いつも授業に間に合わないのも納得です。ただ…、これじゃ全然遊べなくて、なんか悲しいです」

担「そうだね（苦笑）。これはあくまで想像上のタイムテーブルだから、実際の時間とは少しズレがあるかもしれないね。
でも、これで授業開始に間に合うのか、間に合わないのか、はたまた余裕しゃくしゃくなのか、試してみる価値はありそうだね。ちょうど今から中休みが始まるよ。黒板のこのタイムテーブルは消さずに残しておくから、みんな意識してみよう。特に校庭で遊ぶ人たち！　キーワードは1039だ‼　父（10）ちゃんサンキュー（39）で覚えよう

（笑）！」

子どもたちとのやりとりは、時間にして10分程度だと思う。ところが、たったこの10分間の共通理解が子どもたちの行動を劇的に変えてしまう。「自分たちの頭で考えて導き出した」という経験が、「1039」という数字を彼らの頭に強烈に刻み込む。

一方的に指示しても子どもの行動は変容しない。子どもの思考に寄りそって、問いかけ、そして引き出しながら最適解を共に導き出そう。「急がば回れ」だ。

間に合わない子どもは置いていく

タイムテーブルを共有しても、出発時刻に間に合わない子どもは必ずいる。**そんな時は遅れた子どもを待たず、整列が完了している子どもたちを10時47分きっかりに出発させてしまおう。**

「おい、宮澤！ ついに本性を出しやがったな！ それはあまりにも可哀そうだろう！

少しの遅刻ぐらい待ってやれよ！」
そんなクレームの電話が1万件くらいかかってきそうだ。
でも、僕が一見冷たい意見を主張するのには、ちゃんと理由がある。

担任は「正直者がバカをみる学級」をつくってはならない。ここで言う正直者とは、当然整列している子どもたちのことだ。彼らの学習の機会を奪ってはならない。だから、もしも遅刻する子どもがいたとしても、きちんと整列している子どもたちを決めた時間の通りに出発させよう。

ただし、遅刻する子どもを見捨てるわけじゃない。担任は教室で一人待機し、遅刻している子どもの姿を自分の目で確認し、特別教室に送り届けよう。

この対応により僕が守ったものは二つある。それは、
・多数の子どもたちの学習の機会
・一部の遅刻した子どもの安全
だ。

もしも、遅刻した子どもを学級の子どもたち全員で待っていた場合はどうだろうか。守れたものは

・一部の遅刻した子どもの安全

のみだ。

トータルとして、一体どちらの方が子どもたちの成長を促すことができたかは明らかだろう。

学級経営とは優先順位だ。 何を先にして、何を後回しにするのかを間違わないように判断しよう。一見冷たく思える采配が、むしろあたたかい学級をつくるということが多々ある。

遅刻の流儀

どれだけ気をつけても遅刻をしてしまうことがある。大事なのはその時にどう振舞うか、

だ。ここでは遅刻した子どもへの指導の一例を紹介したい。

まず、遅刻した子どもには毅然と指導しよう。例えば、

「座りなさい。先生の顔を見なさい。あなたのことだから、何か遅れた理由があったのでしょう。理由を説明しなさい。…理由は分かりました。あなたもただ遊んでいたわけではなかったんですね。だからといって、遅刻はよくありません。反省すべき点があるのなら、その気持ちをウシジマ先生にしっかり伝えましょう」

ポイントは、一旦子どもの意見を受け止めた上で叱ることだ。

叱る目的は担任の怒りをぶちまけることじゃない。子どもの心をへし折るためでもない。次回は時間を守れるように、子どもの成長を促すことだ。そのためには、子どもとの関係を壊したり、人格を否定したりするような叱り言葉は適切とはいえない。だからと言って遠慮をする必要もない。おかしいことは「おかしい」、良くないことは「良くない」とハッキリと伝えよう。

遅刻した子どもへの指導が済んだら、速やかに特別教室に移動させよう。その際、必ず

付きそうようにすること。既に授業が開始している場合、子どもだけで移動させてしまっては誰もその子どもの動向を把握できない「空白の時間」がうまれてしまう。事故が起きたり、その子どもが校外に出たりした時に、明らかに初動が遅れることになる。

また、正しい遅刻の仕方への指導のチャンスでもある。既に専科の教師の授業が始まっている場合

・後ろのドアから入室する
・音を立てないよう、そっとドアを開ける
・専科の教師に遅刻した旨を連絡する
・専科の教師が話をしている最中は遮って連絡をせずに、一旦待つ
・連絡が終わったら、静かに着席する

などを教えることができる。

学校で起きるトラブルの全てが教材だ。トラブルが起きても焦らずに「ようし、また子どもたちを成長させる機会がやってきたぞ♪」という様な、大らかな気持ちでいるようにするといい。…なんて言いつつ、トラブルが続くと「またかよ。勘弁してくれよ」と思ってしまうけれど（笑）。

歩く練習

理科室から少し時間を戻したい。

子どもたちが教室から特別教室に向けて出発し、廊下を歩いている姿を想像してほしい。子どもたちの列は右に左に蛇行し、大蛇の様に長～～～くなっている。なにも、「軍隊の様に整然と歩け」とは言わない。だけど、せめて他の人の迷惑になる歩き方は控えてほしい。というか、迷惑をかけていることに誰一人気づいていないその「鈍感さ」が僕は悲しい。気づいていたとしても誰一人声をあげないその「臆病さ」が僕は悔しい。

そんな子どもたちに、僕は二つの指導をする。

一つ目は「縦軸」と「横軸」の存在を教えること。**「前の人の頭と自分の頭をそろえましょう。隣の人の肩と自分の**

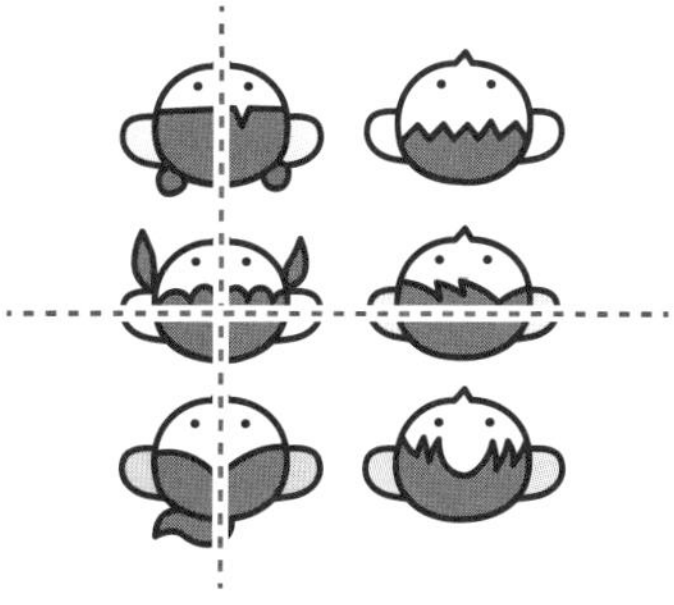

整列の際に意識させる縦軸と横軸

肩をそろえましょう」と指示すると、子どもたちは瞬時に真っすぐ並ぶことができる。僕は続いてこう指示する。

「それでは、綺麗にそろっているその頭と肩を1cmたりともずらさないように、理科室に向かいましょう。しっかりと先生についてきてくださいね（ニヤリ）」

こういうと、子どもたちは俄然ワクワクした表情を見せる。


時間に余裕があれば、理科室に向かうついでに校舎中を徘徊するといい。理科室に到着する頃には正しい歩き方をマスターしていることだろう（子どもたちも大喜びだ）。ちなみに、下の写真は歩く練習をしている時の様子だ。慣れてくれれば担任が先導しなくても子どもたちだけで上手に歩けるようになる。

頭と肩をそろえながら歩く練習をする小学6年生

二つ目は「声かけ」を促すことだ。歩き方を教えても、何日か経てばまた蛇行したり、騒がしくなったりする。そんな時は「恐れずに声をかけてもいいんだよ」と、子どもたちに助言する。「真っすぐ歩こう」とか「静かにしよう」とかの声かけのことだ。こういった「誰かの言動や行動を律する言葉」を使える子どもは多くない。だから、担任がそれを使える子どもに育てていく。

それが実現すると、学級は強い。担任がいなくても、自分たちでエラーを修正できるようになるからだ。

もちろん、リスクもある。「注意」がエスカレートし、いつの間にか「攻撃」に変わってしまうことだ。これを恐れて、「子ども同士の注意を一切させない」という担任もいるほどだ。気持ちは分かる。だけど、「できないこと」を「できる」ようにするのが学校だろう？

例えば僕は、小学6年生の子どもたちにこんな風に語ったことがある。

「注意と攻撃って、実はちょっと違うんだよ。攻撃は自分がむかついているだけ。「お前、やらないならもうあっちに行け」っていうような怖い言葉のこと。一方、注意は相手への愛が含まれている。「ちゃんとやろうよ。こうするとやりやすくなるよ」っていうような厳しいけど優しさが見え隠れしている言葉。そう考えると、さっきマユさんが使ったあの言葉。あれは攻撃じゃなくて、「注意」だったよね。きっと、この学級には他にも「注意」できる人が何人かいる気がするんだ。臆病にならずに、時に「注意」をしてもいいんだよ」。

学級の最大のリソースは子どもたちそのものだ。こんな「歩く練習」ひとつでも、切磋琢磨する雰囲気を育てることができる。

欠席者も仲間

僕は子どもたちの「想像力」を育てたい。目に見えないものに思いを馳せられる人はみんな優しいからだ。

欠席者は教室にはいない。つまり、子どもたちの目には見えない。想像力がまだ育っていない子どもたちは、まるで欠席者を元々存在していなかった人のように扱う。その典型が、特別教室に向かう際の「整列＆歩行」だ。子どもたちは欠席者の分のスペースを詰めたがる。ここが指導のチャンスだ。子どもがもっと想像力を養い、もっと優しくなる大きなチャンスだ。

指導はシンプルだ。**スペースを詰めるべきではないことを伝えるだけだ。**僕はこのように伝える。

「今から整列します。ただし、欠席者のスペースは空けておきます。前に詰めません。なぜなら、サキさんはこの学級の仲間だからです。確かにサキさんは風邪をひいていて、今日は学校を休んでいます。そんなサキさんの場所を詰めることは、「あなたの居場所はもうここには無いよ」と態度で示しているような気がするんです。でも、そうじゃないよね。だから、いつでもサキさんが戻ってこられる場所をつくっておこう」。

こんな風に伝えると、子どもたちは「うん、うん」とうなずく。きっと、サキのことを思い出しているからだと思う。

欠席者の存在を意識できる瞬間は他にもたくさんある。例えば清掃やテストの際の机の移動。欠席者の机だけ移動されず、ポツンと置き去りになっていることがある。また、プリント配布時には欠席者の分が確保されていないことがある。

こんな時は子どもたちに逐一問いかけ、彼らの想像力を刺激しよう。そうすることで、少しずつ優しい子どもになっていく。

余談になるけれど、欠席者の存在を学級全体が意識し始めると、学級にある変化が起きてくる。なんと子どもたちの出席率が徐々に向上しはじめるのだ。

これは僕の勝手な予想だけど、教室で欠席者のことを何度も想像したり行動に移したりした経験が、いざ自分が欠席した時に「みんな、きっと僕のことも覚えてくれているよね」と、信じる力を与えるんじゃないかな？　と思っている。その結果、「早く学校に戻りたいな」とポジティブに思えるようになる…のかもしれない。

特別教室への移動だけで、子どもたちは本当にいろいろなことを学ぶことができる。

「自律」に引き上げる

これまで紹介してきた取り組みを実践し、ある程度その成果が上がってきたら、整列して一斉に特別教室に向かうことを止めてみよう。各自が時間を意識し、各自で移動するルールに変えてみよう。発達段階の低い学年の担任ほど心配になるかもしれないけれど、とにかく一度試してみよう。

結果は神のみぞ知るところだ。ただ、僕の経験から言うと、9割以上の子どもは何の問題もなく特別教室に集合できる。自信たっぷりの表情で特別教室に入室してくる（笑）。

しかし…というか、やはり、数名は遅れてしまうことがある。ガッカリする必要はない。整列を止めたことで、「まだ時間感覚の不足している子ども」が露わになっただけだ。むしろ「これでまた一つ、子どもの成長を促してあげることができる」と、前向きに捉えればいい。

最後に一つだけ助言を。何度か繰り返しても「各自での移動」がうまくいかなかったら…。そんな時は元のルールに戻しちゃえばいい。トライを続けるのも勇気だけど、撤退するのも勇気だ。柔軟にいこう！

整列して理科室に向かう子どもたちに、僕はいつも「いってらっしゃい」と声をかけます。子どもたちも「いってきます」と返事をし、理科室に向かいます。

僕は授業がなく「空きコマ」なので、ここぞとばかりに教室で事務仕事を進めます。

…と見せかけて、子どもとは違う道順で一足先に理科室に向かい、子どもたちの到着前に理科室に入室します。

理科室に到着した子どもたちは目を丸くして「え?」「なんでいるの?」「ワープした!」と驚きます。

満足した僕は、また教室に戻って、仕事を再開します。

わりとユーモア精神を大事にしています(笑)。

CHAPTER 8

4時間目

～意見が飛び交う「話し合い」の極意～

「話し合い」は学級経営の奥義

学級経営の核は「話し合い」にあると考えている。

学級はサッカー部や吹奏楽部のように「共通した志」をもった子どもが集まるわけじゃない。だから、どうしたって子ども同士に「価値観や考え方のズレ」が生じやすい。そんな「寄せ集め」の学級にとって、「話し合い」は組織を前進させるための必要不可欠な活動だ。もっと言えば、良質な「話し合い」を運営できる担任こそが、良質な学級をつくることができる！ ……とさえ僕は考えている。

ここではどの担任も必ず直面する「子ども同士のトラブル解決」、そして「授業中の課題解決」にスポットをあてて、「スムーズな話し合い」の指導ノウハウを紹介する。特に給食を控え、授業の延長が許されない4時間目の授業等で、このスキルは大きな力を発揮するだろう。

トラブル発生時のフローチャート

トラブル解決のための「話し合い」について紹介する前に、まずはトラブル発生時の担任の対応の流れから整理しよう。それが理解できていないと、「話し合い」どころではなくなるからだ。

子ども同士のトラブルは休み時間に起きることが多い。なので、**授業開始の際は、一旦学級全体を見渡し、「うつむいている子」「目を赤くしている子」「人だかり」「特定の子どもをチラチラ気にする素振りを見せる子」がいないかどうかを毎回確認する。**

この様な子どもを発見したところからトラブル対応、ひいてはその解決のための話し合いを開始する。この時の担任の対応の流れを整理してみた（次のページ）。

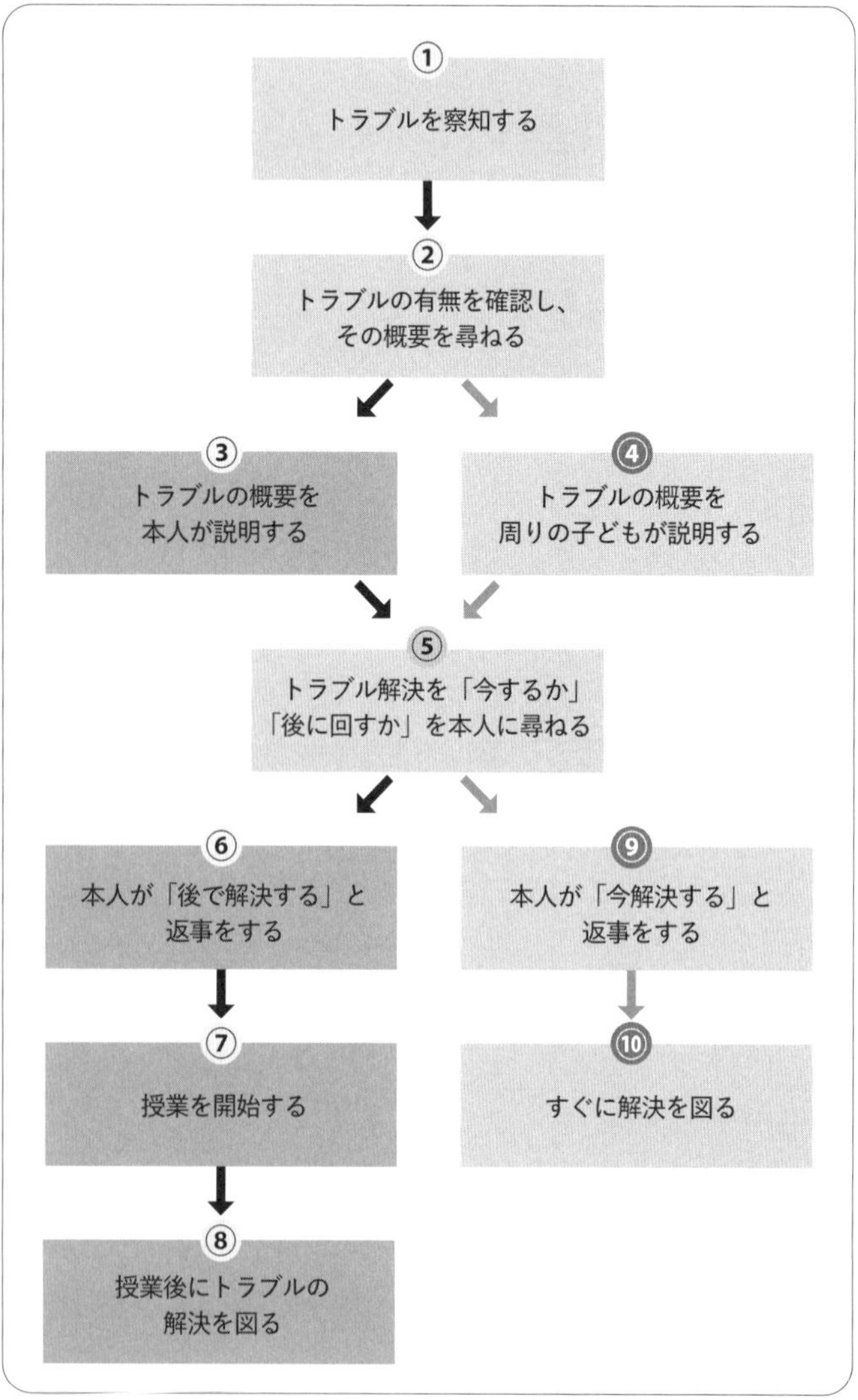

トラブル発生時のフローチャート

フローチャートの各項目について簡潔に説明する。

①担任は授業開始時に子どもの様子をよく観察し、トラブルを察知する。

②子どもの様子から違和感を抱いたら、トラブルの有無を確認する。教室がざわついている場合は、一度全員を着席させ、静寂をつくるといい。

③落ち込んだり涙を流したりしている子ども本人に状況を説明させる。

④本人が説明できない場合は、トラブルを実際に目撃していた子どもに状況を説明させる。

⑤本人の悲しみに寄り添いながら、「今すぐの解決」か、それとも「少し落ち着いた後（授業後）の解決」かを尋ねる。

⑥⑦⑧本人が一旦落ち着いてからの解決を望むのなら、授業後に改めて解決をする。

⑨⑩本人が今すぐの解決を望めば、すぐにそのトラブルを解決する。本人や一部の子どもを廊下等に連れ出すか、そのまま学級全体で解決を図るかは状況次第。前者ならば自習にし、後者ならば授業をストップする。

「起きたトラブルは即時解決が鉄則」と言われる。僕も異論はない。

ただ、学級経営の観点から考えると、「トラブルの解決」と「授業」が重なった場合は授業の後にトラブルの解決を回した方がいい。頻繁に授業を中止すると、教室の雰囲気が殺伐としてくるからだ。

もちろん、「トラブルに絡む子どもが多数いるため授業を中止する」などの例外もある。ここは臨機応変に対応していこう。

トラブル解決時の「話し合い」

トラブル解決時の「話し合い」は
①事実を確認する
②反省すべき点を尋ねる
③謝罪を促す
④改善策を引き出す
⑤指導する
⑥フォローする

の六つの流れでおこなうとスムーズだ。学級全体でも小規模グループでも流れに大きな差はない。一つずつ確認しよう。

①事実を確認する

子ども一人ひとりから出来事の詳細を尋ねていく。コツは三つ。「一人ひとり順番に話させること」「途中で他の子どもに口を挟ませないこと」「担任がノートにメモをしながら聞くこと」だ。これらを実践しきれば、スムーズに事実が明らかになる。

うそをついたり事実を隠したりする可能性のある子どもがいる場合は、事実確認の前に「事実と違うことを言ったり、知っていることを言わなかったりしたら叱ります」と明言してからスタートするといい。

また、子どもが複数名で口裏を合わせる可能性がある場合は、1対1でバラバラに聴き取りをすることで事実を芋づる式に明らかにすることができる。

逆に、担任が絶対にしてはならないことがある。それは、事実確認の途中で叱ることだ。まだ真偽が明らかになっていないし、叱られることを恐れて子どもが事実を隠す可能性が高まる。まるでＡＩにでもなったつもりで淡々と聞くようにするといい。

② 反省すべき点を尋ねる

事実がそろったら、子どもたちそれぞれに「自分自身が反省すべき点」を尋ねる。相手に対する怒りでいっぱいの気持ちを、初めて自分自身に向ける時間だ。

「自分自身が悪かったなって思うところはある？」

と尋ねれば、誰かがこんな風に答えるだろう。

「僕が最初に押したところが悪かったです」

…ベクトルを自分自身に向けられた。大きな進歩だ。が、ほめてはならない。まだ、解決していないのに評価をくだしてはならない。担任はまだ中立性を保たねばならない。

一人目が非を認めると、二人目以降の態度は一気に軟化する。「あいつが認めたんだ。じゃあ、自分も認めよう」と、ドミノ倒しのように自分の非を言葉にし始める。

言わずもがな、子どもの非を責め立ててはならない。今はまだ、子ども自身が考える時間だからだ。

③ 謝罪を促す

子どもが反省点に気づけたら、その気持ちを相手に対して言葉で表現させよう。これができればひとまずトラブルはひと段落だ。

「**それぞれに反省点があるんだね。じゃあ、その気持ちをそのまま相手に伝えたらいいと思うよ。誰から伝えてもいいよ**」

こんな風に言うと、素直に謝罪できる子どもから謝罪を始める。

「僕が先に押しちゃったのが悪かった。もうしないよ。ごめん」

という感じだ。

頑として謝らない子どもに対して高圧的に「謝りなさい！」と命令することはNGだ。表面的に謝ったとしても、心の底では納得していない可能性もある。

そもそもここで子どもが謝らないということは、その前の「①事実確認」か「②反省」が不十分だった可能性がある。そんな時は謝らない子どもに「**何か納得できないことがあったら教えてもらえる？**」と尋ねてみよう。まだモヤモヤしていることを話してくれるはずだ。

④改善策を引き出す

きっちり謝罪をできたとしても、明日も同じことを繰り返すようでは困る。進歩がない。

そこで、改善策を子どもの口で言語化させよう。

「今回のようなトラブルを防ぐために、これからあなたは何をする?」と尋ねると、きっとそれぞれ「もう殴らない」とか「挑発しない」とか、改善策を答えるだろう。**自分で考えて言葉に出すことで、行動変容が起きやすくなる。**

間違っても担任が「明日からあなたは〇〇しなさい」と命令してはならない。子どもが自分で考え、自分で言葉にするから子ども自身に納得感があり、行動変容に至る。担任はまだ我慢だ。

⑤ 指導する

ここでようやく担任の想いを語る。僕は主に叱る。次の様な感じだ。

「まず、あなた。相手から挑発されても殴っちゃダメだ。その手はそんなことのために使うんじゃない。そして、あなた。挑発なんかしたら相手も怒る。その口もそんなことのためにその顔についているんじゃない。」

…もっととびきりの落雷を期待した人がいたかもしれない(笑)。

でも、既に反省や謝罪を済ませている子どもを激烈に叱るなんて、ちょっと野暮なんじゃない？　…と僕は思ってしまう。①〜④までを丁寧におこなえば、担任の指導のウェイトは自ずと減ってくる。

…と言いつつ、特大の雷を落とすこともある。事実確認の最中に子どもが嘘をついた時だ。そんな時は「いい加減にしなさい！」と一喝する。よく「教師は感情的に怒るのではなく、理性的に叱るのだ」と言われるけれど、この時ばかりは僕は火山が噴火した様になる（笑）。でも、実のところ感情的になっているわけじゃない。「噴火した火山のように担任が怒っている」と子どもがきちんと理解できるようにポーズをとっているだけだ。子どもは言語情報だけでは自分の過ちの大きさを理解できない。そこで、言語情報に加えて表情や声量や声のトーンの変化を駆使しながら、「怒」の感情を伝えているに過ぎないのだ。…「絶対にウソだ！」という教え子たちの声が聞こえてくる気がするけれど（笑）。

⑥フォローする

トラブルの解決をネガティブな雰囲気で終わらせるべきではない。子どもが「自分は間違っていたな。直そう」と思い、行動変容に導くために今この時間を指導に費やしているからだ。だから、子どもがポジティブになれるよう、必ず最後にフォローを入れよう。⑤

の時に本当に感情的になり、頭に血が上っていると、このフォローができなくなる。自分の興奮度のいいバロメーターかもしれない。

フォローの例を紹介してみよう。

「まず、あなた。相手から挑発されても殴っちゃダメだ。その手はそんなことのために使うんじゃない。…今朝もあなたはその手でカナコさんの鉛筆を拾っていたじゃないか。カナコさんの「ありがとう」っていう小さなつぶやきを聞いていたか？　先生にははっきりと聞こえていたぞ。**あなたのその手は、本当は優しい手なんだ**。そして、あなた。挑発なんかしたら相手も怒る。その口も、挑発なんかをするためにその顔についているんじゃない。さっきの国語の授業で「大丈夫？」ってリクトさんに言っていただろう？　だからリクトさん、最後まで発表できたんだろう？　**あなたの口から出る言葉はいつだって温かいんだ**。あなたたちは、本当はとっくにこの手とこの口の使い方を分かっている。たった今、自分で自分に約束できたんだ。**あなたたちなら必ず守れる。僕は信じている**。…さあ、話はここまでだ。そろそろ教室に戻ろうか」

深くうなずく子ども、ほっぺたに涙がつたう子ども…。子どもによっていろいろな反応がある。ここではただただキミの本音をぶつければいい。うまい言葉なんて言おうとしなくていい。どれだけ子どもを信じ、期待しているかを伝えればいい。ここだけは小手先じゃない。人間と人間の勝負だ。

「話し合い」の武器を授ける

さて、ここからは「授業中の話し合い」について話そう。…と言いたいところだけど、まずは「話し合いの武器」を子どもに授けよう。

武器なしに話し合わせるのは、子どもたちを手ぶらでサバンナの荒野に置き去りにするようなものだからだ。

ここでは五つの武器を紹介するけれど、必ずしも「順番通りに指導する」というわけではない。

ステップ① 相手を見て聞く

「話し合い」は「話す」→「聞く」→「話す」…というラリーの繰り返しだ。そのための最も基本的な力が「聞く力」だ。いくら「話す力」をもっていても、相手が聞いてくれなければ子どもは口をつぐんでしまう。

具体的には、**静寂をつくった上で「相手を見る」ことを教えよう。**担任が話し始める際には担任に視線を送ることを毎回求めよう。「こちらを見ましょう」と直接言ったり、子どもが気づくまで話し始めず、待ったりしよう。

また、子どもが発表する際には「言ってもいいですか?」と問いかけさせるといい。そして（ここが肝心なのだけれど）、**子どもたちが発表者に視線を送るまで発表を開始させないこと。**発表者にも待たせよう。

これらにより「聞く」という行為は必ず習慣化してくる。一つひとつの指導はそれほど難しくない。問題は、担任がこれを365日間徹底できるかどうかだ。

ステップ② 決まった言葉を全員で声に出す

「話し合い」には「話す力」が必要だ。そのために、まずは「声を出す」ことから始めよう。子どもたちの多くは既に「声を出す力」をもっている。休み時間の彼らの様子を想像すれば分かるだろう。ところが、授業になると途端に彼らは声を出さなくなる。つまり、これは子どもの能力の問題ではなく、メンタルの問題なのだ。あるいは授業の構造の問題かもしれない。

この状況を打破するには**「決められた言葉をみんなで声に出すこと」から始めることを強くおすすめする。**例えば、学級目標、授業のめあて、授業のポイント、授業のまとめ、教科書の音読等だ。声に出す内容が既に決められ、大勢で読むことで余計な不安感を抱かなくて済む。

コツは朝の会や授業の中で、子どもが声を出す機会を継続的に確保すること。３カ月間続ければ見違える。

ステップ③　ペアで発表する

一人ぼっちで声を出す経験を積ませよう。

ここでおすすめしたいのが、**「ペア発表」**だ。あらかじめ書いた文を、隣の席の子どもに向けてただ読むだけでいい。「読む内容が決まっているから安心。…だけど一人で読むから

朝顔の種について発表し合う小学１年生（６月）

ちょっと不安。…でもみんなの声に紛れて目立たないから気はラク」…という、「緊張とリラックス」が絶妙にブレンドされた学習活動だ。これも毎日おこなう。

ステップ④ みんなの前で音読する

複数の人の前での発表にも挑戦させよう。けれどもみんなの前はやっぱり恥ずかしい…。そんな時におすすめなのが「**一人音読**」だ。決められた文を読むだけだから、不安感を軽減できる。一人目が発表できれば、二人目、三人目…という具合にどんどんあとに続くことができる。

ちなみに下の写真は小学1年生の5月の姿だ。うまれて初めて人前で音読をした彼女はもちろん緊張していたけれど、音読が終わった後は満足そうににっこりとほほ笑んでいた。

周りの子どもたちの聞く態度も、彼女の音読を尊重していることがよく伝わってくる。

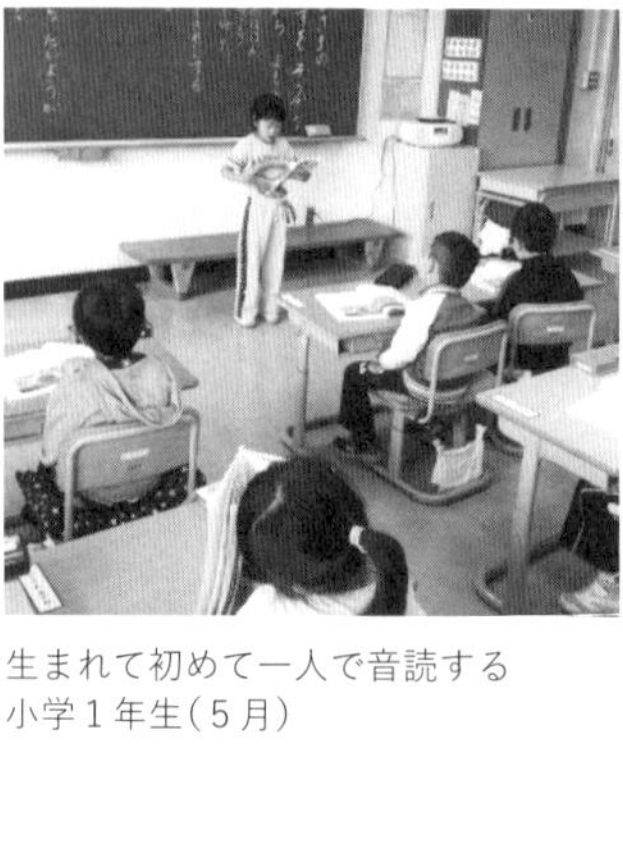

生まれて初めて一人で音読する
小学１年生（５月）

ステップ⑤ 全体の前で自分の考えを発表する

自分の考えを学級全体の前で発表する機会をたくさん設けよう。最初は極簡単な内容からでいい。**担任が配慮すべきポイントは、発表に抵抗の少ない子どもから始め、成功体験で終わらせることだ。**発表した本人が自信をつけることはもちろん、その姿を見ている周りの子どもたちが「私も」「僕も」と挑戦しやすくなる。

果物の数を発表する小学１年生（５月）

【おまけ】ステップ⑥ 負荷をかける

子どもたちの成長に限界はない。高い壁を見せれば乗り越えようとするのが子どもたちだ。最後にそんな「ちょっと高い壁」を二つ紹介したい。

一つ目は、説明が難しそうなことを敢えて問う。例えば「どうしてこうなるのかな？」「何かいいアイディアはある？」など、**オープンクエスチョン（ＹＥＳやＮＯでは答えづらい質問のこと）を授業中に投げかける。**発表への不安感が高まるため、挙手率が大幅に低下するはずだ。この時、挙手する子どもばかりを指名するのではなく、励まし、待ち、できるだけ多くの子どもに表現の場を確保しよう。

二つ目は**間違った意見を歓迎すること**。間違った意見にこそ光をあてよう。そして、みんなで補い合って、解決に近づこう。授業終了直前、「結果的に「あの間違い」があったからみんなの理解が深まったよね。ありがとう」など、**間違った意見への価値をしっかりと共有したい**。そうすれば、最終的には「間違っているかもしれないけど発表してみよう！」という雰囲気が学級の中に流れてくる。この雰囲気をつくれるかどうかが「話し合い」を充実させる鍵だ。正答以外の意見にフタをしないように。

以上が「授業中の話し合い」を機能させる武器だ。武器は使わないと錆びる。継続的に指導しよう。

授業でおこなう「話し合い」

さて、随分もったいぶってしまったけれど、いよいよ学級経営の核となる「授業中の話し合い」について紹介したい。

「話し合い」はそのプロセスを理解できればかなり指導がしやすくなる。話し合いの種類にもよるけれど、概ねそのプロセスは「**環境整備→発散→収束→決定**」の四つだ。

①環境整備

まず、話し合うにはテーマをはっきりさせよう。**テーマは具体的な方がいい。**子どもたちの意見も具体的になり、意見の空中戦の防止になる。例えば、「うさぎの世話について考える」よりも、「うさぎ小屋をもっときれいにする掃除の仕方を考える」とか「産まれたうさぎの名前を決める」の方が子どもは意見を主張しやすいし、話し合いの着地点もはっきりとしてくる。

また、「時間と態度」についても確認する。「話し合いは最大で20分間です。相手が悲しくなる意見はやめましょう」という感じだ。

②発散

発散は子どもたちが自由に意見を言う時間だ。この時間は「**質より量**」を合言葉に、とにかくたくさんの意見を引き出そう。子どもたちの不安感が高く、なかなか意見の数が増えない場合、次のような言葉をかけて子どもたちを勇気づけてあげるといい。

「『良い意見を言わなきゃならない』なんて思わなくていいよ。今はとにかく『意見の数』を大事にしよう。目指せ20個。……あと15個。さあ、誰か意見のある人はいるかい？」

とか、

「人の脳みそは質問を理解して、考えて、発言をするのに12秒必要と言われているよ。今から先生が12秒数えるね。そうしたら、必ず発表する人が出てくるはずだ。それでは数えるよ。いち、に、さん……」

とかだ。

……これで、ほぼ間違いなく新しい意見が出てくるはずだ。

③ 収束

たくさんの意見が出たら、それらを合体したり、グループ化したり、補足したり、削ったりして整理していこう。

最初は「削り」から始めると効率が良い。この時担任が一方的に削っていくのではなく、「実現が難しそうなものある？」とか「『これはちょっと違うかな？』っていうものある？」

などと問いかけ、子どもたちと相談しながら削除していこう。その後は似ているもの等を整理していけば、黒板上の意見がスッキリしてくるはずだ。

途中、意見と意見が衝突することがある。「それは消した方がいいよ」「いや、消さない方がいいよ」…という具合に。衝突は大歓迎だ！　これにより「話し合い」に深まりが生まれるし、新たな創造が始まるし、何より学級全体の雰囲気がのってくる。

子どもの中には（たまに教師の中にも）、意見の衝突や反対意見を「悪」と捉える子がいる。まだ「意見の否定と人格の否定」の区別がついていないのかもしれない。「意見の否定はOK。ただし、やんわり言ってあげるといいよ」と助言すれば、子どもたちは相手の意見にリスペクトの気持ちをもちながら否定できるようになっていく。これができるようになった子どもたちの「話し合い」は間違いなくハイスペックなものになる。そして、僕はこれこそが子どもたちの「話し合い」の極致だとも考えている。

④ 決定

たくさん意見が出て、ある程度それらの意見を整理することができたら、いよいよ「話し合い」の最終局面を迎える。「決定」だ。決定の方法はいろいろある。満場一致の雰囲気がうまれてそのまま決定すること。出た意見を折衷して決定すること。担任が助言して（誘導して）決定すること。子どもたちの多数決で決定すること…。どれにもメリットがあり、デメリットがある。どんな決め方であったとしても、最も大事なことは**決定した事柄に子どもたちが納得感を抱けているかどうか**だ。納得感さえあれば、如何なる決定方法をとっても問題ない。

ただし、注意したいのが「多数決による決定」だ。多数決は納得感を抱けない子どもが多く現れる可能性の高い決定方法だ。反対意見を有無を言わさずに黙殺するからだ。仮に16対15で決着した場合、実に学級の半数近くの子どもが反対の意思をもったまま物事を進めることになる。これがきっかけで学級の雰囲気がギスギスしてしまった！…ということがないとも限らない。こんな時には**あらかじめ多数決後の「あるべき態度」を確認しておくといい。**

「多数決で決まったら、決まった意見で一旦トライしてみよう。トライしてみて上手くいかなかったら、また改めて考え直せばいい。だから、多数決後のネガティブな言動はやめよう。これに納得した上で、多数決をしよう」

…という具合だ。

これらが「話し合い」の最も基本的な流れになる。もちろん、「話し合い」によってはこのプロセスを必ずしも辿らないことはある。というか、こんなにきれいに「話し合い」が進むことの方が少ないかもしれない。

担任としては、「こんな面倒くさい時間は省略して、一方的に物事をガンガン決めてしまいたい」という気持ちがないわけではない。でも、この「話し合い」を継続した学級とそうでない学級とでは、3月の子どもたちの「聞く力」「話す力」「話し合いを進行する力」は天と地ほどの差がつく。

日々の授業の中で、そして日々起きる学級の諸問題について、できる限り「話し合い」の時間を確保しよう。

ちなみに僕の担任する学級の場合、「話し合い」を全くしないという日はほぼゼロだ。学級経営的に、それほど「話

衝突を恐れず意見を主張し合う小学6年生たち。話し合いのテーマは「宿題で間違ったページをやってしまった人は未提出扱いか？」

し合い」がもたらす恩恵は大きいのだ。

それでは、もう少しイメージをつかむために、実際にあった「話し合い」の様子をのぞいてみよう。

「話し合い」の事例 ～出張クリスマス会～

「先生、ミキちゃんと一緒にクリスマス会をしたい」

12月の初旬、小学5年生のタイチが唐突に僕に言ってきた。

ミキは足の病気で入院し、退院した今でもまだ自宅療養していた。学校を休み始めて、既に3か月以上が経っていた。

しかし、子どもたちはミキのことを一日たりとも忘れたことはなかった。

毎朝の健康観察で、欠席と分かっていても僕はミキの名前を呼び続けていたし、授業中もことあるごとにミキの名前を出していた。ミキが提出した宿題の字を子どもたちに見せることもあった。

「ミキはこの教室にはいないけど、でもミキはいるよ。この学級の仲間だよ」。僕から子どもたちに向けたメッセージのつもりだった。
だから、タイチの言葉は嬉しかった。

ミキとミキのご両親、管理職、学年の先生方と相談して、クリスマス会をミキの家で開けることになった。子どもたちは飛び上がって喜んだ。大げさな表現じゃなくて、本当にジャンプして、ハイタッチして、抱き合って、そして歓声をあげていた。

ところが、一つ問題が浮上した。会の「プログラム」だ。ミキはまだ歩行ができない。それに30人近くも自宅の中にお邪魔するわけにはいかない。とは言え、12月の寒さの中だ。子どもたちや自由に動けないミキを長時間屋外に連れ出すのは正直避けたい。

・ミキは部屋の中から参加すること
・他の子どもたちは屋外から窓越しにミキと関わること
・長時間の滞在はしないこと

これが、僕と子どもたちで相談して決めた「ミキの家でクリスマス会を開催するための条件」だった。

早速「ミキちゃんちのクリスマス会のプログラムについて」というテーマで学級会が開かれた。

司会の子どもが「話し合い」を進めた。

司「それでは意見がある人は言ってください」
A「読み聞かせがいいと思います」
B「歌がいいと思います」
C「僕は鬼ごっこをやりたいです」
D「え？　鬼ごっこはムリじゃない？」
司「意見は手を挙げてから言ってください」
D「あ、ごめん。ミキちゃんは足の病気だから、鬼ごっこは難しいと思います」
C「あ、そうか。ごめんごめん」

決して子どもに悪気があるわけではない。けれど、「遊び」となるとどうしても自分が遊びたいものを考えてしまうらしい。
再び司会が口を開いた。
司「鬼ごっこはできないかもしれないけど、でも確かにミキちゃんだけじゃなくて、私たちも一緒に楽しめるってことも大事だと思うんです。他に何かいいアイディアはありませんか？」
すると、ある子どもがこんな意見を言った。
E「遊びもいいんだけど、私たち、ミキちゃんと本当に何か月も会ってないじゃないですか？　だから、何ていうか、普通にしゃべる時間がほしいんだけど…。だめかな？」
子どもたちは声を出して頷いた。次々と子どもたちの手が挙がり始めた。
F「でもさ、家の窓からしか喋れないから、みんなが一度に喋れるわけじゃないよね」
G「じゃあ、窓の前でミキちゃんと喋れる人がどんどん交代していくのはどう？」
H「絶対に喧嘩になるから、順番を決めておいた方がいいと思います」
全「確かに～（笑）！」
I「先生！　窓の大きさはどれぐらいですか？　一度に何人が喋れますか？」
僕にもキラーパスが飛んできた。

宮「窓の大きさか。…ちょっとそこまでは分からないなあ（汗）」

紆余曲折しながら、子どもたちは最終的に「ジャンケン大会」と「会話」というプログラムを決定した。クリスマスっぽさは無いけれど、子どもたちが条件の中で知恵を絞って決めたプログラムだった。

クリスマス会当日。子どもたちは2列に並び、僕の後ろをぞろぞろと白い息を吐きながら歩いた。

ミキの家に着いた。子どもたちは窓からミキを見つけると歓声をあげた。ミキも笑顔だったけれど、僕には少し緊張しているように見えた。

クリスマス会の実行委員が「はじめの言葉」を言い、早速ジャンケン大会が始まった。「5年生ってジャンケン大会で盛り上がれるのかな？」という僕の心配は杞憂に終わった。近所迷惑になるぐらいみんな喜んでいた。

そして、お待ちかねのミキとの会話を一人ひとりが楽しんだ。

リハビリの励ましの言葉をかける子、最近の学校の様子を伝える子、復帰を心待ちにしていることを伝える子、なかなかうまく言葉が出てこない子…。様々だった。

反省もあった。みんな自分が話すのに必死で、ミキの話を聞くのをすっかり忘れていた。でもこんな経験も、これからの人生に生きる学びとなるに違いない。

みんなの体が冷えてはいけないので、滞在時間は20〜30分間ぐらいだったけれど、ミキも子どもたちも大喜びのクリスマス会となった。

帰り道、並んで歩く子どもたちの列には、ミキの場所がきちんと空けられていた。

出張クリスマス会を楽しむ子どもたち

事例の解説

この「出張クリスマス会」では、「ミキちゃんちのクリスマス会のプログラムについて」というテーマで「話し合い」がなされた。

厳密に言えば「話し合い」の流れは基本型の「環境整備→発散→収束→決定」ではなかった。

たくさんの意見が出始めたと思ったら（発散）、突如「ミキとの会話」というプログラムに学級全体が納得してしまった（決定）。…その後、「ジャンケン大会」という第2の意見に収束し、決定した。

つまり、「環境整備→発散→決定→収束→決定」というちょっと不思議な流れだった。でも、これがリアルな「話し合い」だ。

「話し合い」の目的は、テーマに据えた課題を交流を通して解決することだ。型通りに進めることじゃない。だから、型通りに進まなくても担任は焦る必要はないし、型通りに進めようとする必要もない。

重要なことは、担任が「今、話し合いがどの局面を迎えているのか」を俯瞰し、次に向かうべき「およその方向」の見当をつけられていることだ。そのために、「話し合い」の基本型をまずは頭に入れよう。

「環境整備→発散→収束→決定」。教壇に立った時も、是非この流れを思い出してほしい。

…最後に余談を少し。

ここまで僕の話を聞いてくれたキミは、担任が「話し合い」をサポートする力（ファシリテーションスキル）を磨くことの重要性を理解してくれたと思う。ところが、このクリスマス会の「話し合い」の司会は担任ではなく子どもたちだった。

実は、担任が「話し合い」を進行するのは教師としてはミニマムのスキルで、本当に重要なことは**子どもの「話し合い」の進行スキルを磨くこと**だ。それが実現することで、学級の自治力が高まり、自分たちで問題解決を目指す組織に近づいていく。さっきのクリスマス会の話は、そんな組織へと変貌を遂げようとしている学級の様子の一端だった。

では、どうすれば子どもたちの「進行能力」が身につくのか。その鍵は「司会型授業」にある。

僕が担任をする学級では小学1年生から6年生まで、子どもが授業を進行するスタイルをとる。といっても大げさで高尚なものではなく、仕事は三つだけ。「各活動の開始と終了を告げる」、「簡単な指名をする」、「タイムキーパーをする」、だ。イメージでいうと朝の会の日直に近い。

ここでは「司会型授業」に関してはこれ以上触れないけれど、僕はそんな指導を通して子どもたちの進行能力、ひいては学級の自治力を高めている。可能であれば、また別の機会でそのノウハウを紹介させてほしい。

とは言え、まずは担任が「話し合い」を進行できることが大前提だ。日々の授業の中で積極的に「話し合い」の時間を確保していこう！

雨ニモマケズ

先日、ヘラクレスオオカブトが教室にやってきました。春輝くんが持ってきてくれました。名前を決めていなかったので、学級会を開き、名前を決めることにしました。記念すべき「第一回学級会」です。

司会と板書（黒板に書く人）は生き物係。意見を出し、質問をし、そして賛成・反対の意見の交流をしました。

夏希さん「ミラくんって名前はちょっとおかしい気がするけど…？」

司会　「意見を出した希和さん、どうぞ。」

希和さん「わたしは…。」

希和さんは途中で黙ってしまいました。目には涙を浮かべています。息づかいも少し、荒くなってきました。でも、結局口を開くことができませんでした。僕は言いました。

「意見、言えないかな？言えないなら座ってもいいよ。」

希和さんは、僕を強い眼で見ました。そして、首を振りました。落ちる涙を手でふき、希和さんは、大きな声でハッキリとこう言いました。

「私は、ミラくんって名前が、かっこいいと思います！」

多数決の結果、ヘラクレスオオカブトの名前は「ミラくん」に決まりました。

全ての話し合いが終わった後、僕は希和さんに伝えました。

「あなたの言葉がみんなの心を動かしたのかもしれないね」と。

そして、学級全体に向けてこうも伝えました。

「夏希さんの質問をきっかけに希和さんは泣いてしまいました。「だから夏希さんは悪いことをした」。そう勘違いしている人がいるようですね。…違うよ。夏希さんはきちんと自分の考えを伝えたんだよ。自分の意見を言えば、時には誰かとぶつかることがある。泣いてしまうこともね。でも、それは決して悪いことじゃないんだよ。夏希さんも希和さんもきちんと自分の意見を伝えあうことができたんだ。二人とも素敵だったよ。」

子どもたちからは自然と拍手が起こりました。拍手の中、こんなつぶやきも聞こえてきました。「学級会ってすごいね。」「うん、すごい。」

初めての学級会を通して、子どもたちはまた一つ学ぶことができました。

このような機会をくれた春輝くんとご両親、…あと、ミラくん。

感謝しています。

富士見町立富士見小学校　1年1部学級通信　2016年7月20日（金）第27号

小学1年生が初めて学級会を経験した時のことを報告した学級通信です。文章は少し修正しています。
（児童名は本人と保護者の許可を得て本名のまま載せています）

CHAPTER 9

給食

～子どもがモリモリ食べ始める給食指導～

完食指導は悪か

「保護者がうるさいから給食を最後まで食べさせられない」。こんな担任たちの言葉が数多く聞こえてくる。腫れ物にでも触るような給食指導について学級担任はどう考え、どう指導をしていけばいいのだろうか。僕なりの考えと実践方法を話そう。

結論から言うと、完食指導は必要だ。必要だし、完食指導してOKだ。何一つ問題ない。なぜなら、完食することによって子どもたちの成長が促されるからだ。もっと正確に言うと、考えに考え抜かれた栄養量を摂取することで、子どもたちの健やかな発育を促すことができるからだ。

良くないのは完食指導じゃない。「行き過ぎた完食指導」がNGなのだ。

例えば、もう食べられない子どもの口に無理やり給食を詰め込む、次の授業が始まって

給食を楽しむ小学6年生

いるのに給食を食べさせ続ける、食べ終わっていない姿を晒し者にする等だ。

僕の教え子にも、元担任からの行き過ぎた完食指導から、給食を口に入れたら反射的に嘔吐してしまう子どもがいた。こうなってしまうと、むしろ子どもの健やかな発育からは遠のくことになる。だから、行き過ぎた完食指導はＮＧなのだ。


ところが、いろいろな教室を見ていると、この「行き過ぎた完食指導」を回避する意識が強いあまり、「適切な完食指導」すらできなくなっている担任が増えている気がする。

ここからは決して行き過ぎではない、子どもそれぞれに応じたきめ細かい完食を目指すための指導について話そう。

役割分担を決める

給食を食べるには準備が必要だ。そのために、まずは役割分担を決めよう。どんなやり方でも構わない。僕の場合、低学年を担任する時はマトリクス表、高学年を担任する時にはルーレット型当番表で役割を分担することが多かった。次の写真はある高学年の28名の子どもたちと一緒につくった当番表だ。概要は次の通り。

・給食当番　　　：名簿から2チームつくる（1～14、15～28）
・給食当番の人数：1チームにつき14名
・給食当番表　　：ルーレット型
・当番の交代頻度：1週間ごと
・役割の交代頻度：1週間固定

この当番表の特徴は、子どもの名前を記名せずに名簿番号を外側と内側に記入したことだ。これによりAチーム（内側の数字）とBチーム（外側の数字）の両方を一つのルーレットで表せるので、とても便利だ。名前ではなく番号であるため、誰が何の役割なのか、「本人以外は分かりづらい状況」が起きてしまったけれど、高学年だからか、それ

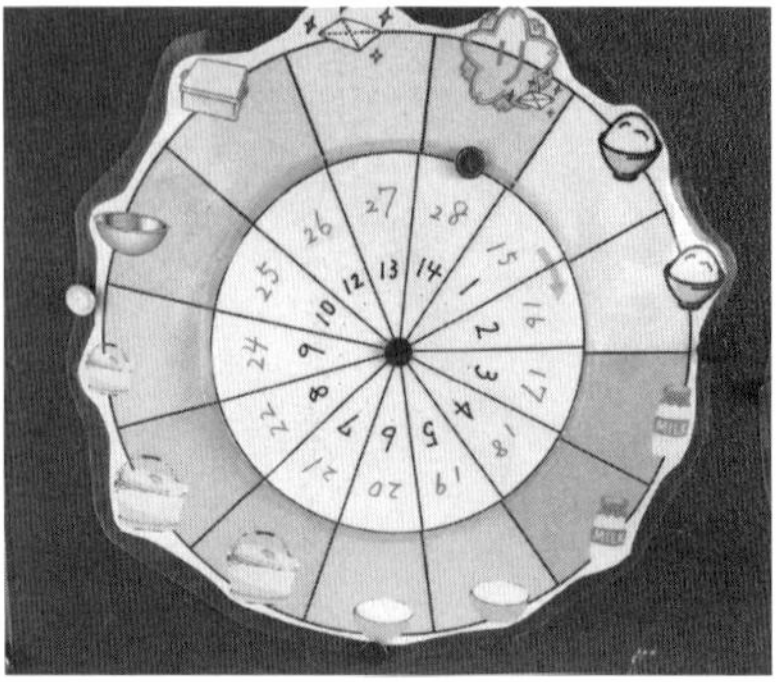

おなじみのルーレット型給食当番表

でも子どもたちは対応してくれた。

ところが、低学年の場合、「ルーレット型当番表でしかも名前無し」では難しい状況が出てくる。

例えば小学1年生では、自分の役割すら理解していない子どもが少なくない。そんな時、担任が「あなたは牛乳の係だよ」と教えてあげる必要がある。その時に名前無しの当番表では子どもも担任も誰がどの分担なのか直感的に理解しにくいため、給食準備に混乱が生じやすい。

そんな時に、「マトリクス表&名前あり」を使用すれば幾らか分かりやすくなる。下の表のような感じだ。

やくわり												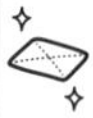
ウサギ 	えみ	とし き	ひでお	なおき	かずま	あき	みはる	のりあき	ひなの	ななこ	こうじ	りえこ
イルカ 	ゆうた	さき	ひな	あかね	みつゆき	しゅんすけ	あきと	ゆうか	もみじ	みさと	こうた	ゆたか

給食当番表（マトリクス型）

基本的に、発達段階が上がるにつれて具体的な表から抽象的なものに引き上げていくといい。

余談になるけれど、小学1年生を担任していた時は、マトリクス表だけでなく「メダルシステム」を導入したことがある。牛乳やご飯等のイラストが描かれた首かざりを当番の首にかけさせた（しかもラミネート加工済み！）。

「これで役割分担は一目瞭然。我ながら完璧だぜ！」と喜んだのも束の間、1年生たちは暇があればメダルを口に運んで〝噛み噛み〟し始めた。結果、メダルはすぐにベタベタ&ふにゃふにゃになり、すぐに廃棄した（泣）。

そんな1年生の子どもたちも後期になるとぐぐぐっと成長を見せた。そこで、思い切ってマトリクス表から「記名ありのルーレット型当番表」に変更してみた。すると、見事に子どもたちは適応してしまった。

子どもたちは刻々と成長している。その成長に合わせて**ルールも柔軟に変えていいこと**を子どもたちから学ばせてもらった。

固定概念に縛られることなく、目の前の子どもたちにフィットする当番表を探していこう。

素早い給食準備

給食準備は早いほどいい。楽しくゆったりと食事ができ、結果的に完食できる子どもが増えるからだ。

ここでは給食室に給食を取りに行くことを想定して、整列から出発をスピーディにおこなうコツを紹介しよう。

①タイマーをセットする

タイマーを担任、もしくは日直が授業終了後にセットする。**「ごちそうさま」で鳴るように即セットする。**例えば、授業終了が12時20分、給食終了時刻が13時00分ならば、タイマーは40分間でセットする。タイマーが鳴ったらそこで食事時間終了。食べ終わっていない子どもがいてもそこで終了。つまり、早く準備すれば食事時間が増え、ゆっくり準備すれば食事時間が減る。仮に遊んでいて準備が長引き、食事時間が減ったとしても子どもたちは文句を言えない。自分たちのおこないに対する正当な結果だからだ。僕はこれを「因果応報の原則」と呼んでいる。良いことをすれば良いことが起きるし、悪いことをすれば悪いことが起きる。担任はそんな秩序を教室の中につくり出す必要がある。

② 手洗い・うがいは当番優先で

給食準備中の「流し」は多くの子どもでごったがえす。だから、手洗い・うがいは当番優先ということを共有する。「当番がいつでも順番ぬかしできる」という意味ではなく、**当番がいたら「どうぞ、先に洗ってね！」という思いやりのルールだ。**それに、当番以外の子どもたちも当番に順番を譲ってあげた方が、結局早く食事にありつける。思いやりかつ合理的なルールだ。

③ 整列場所をシールで示す

整列した給食当番の列がぐちゃぐちゃになるのは並ぶ位置が明確ではないからだ。そんな時は「ご飯」や「牛乳」と描いたシールを壁面等に貼るといい。たったこれだけで子どもたちは上手

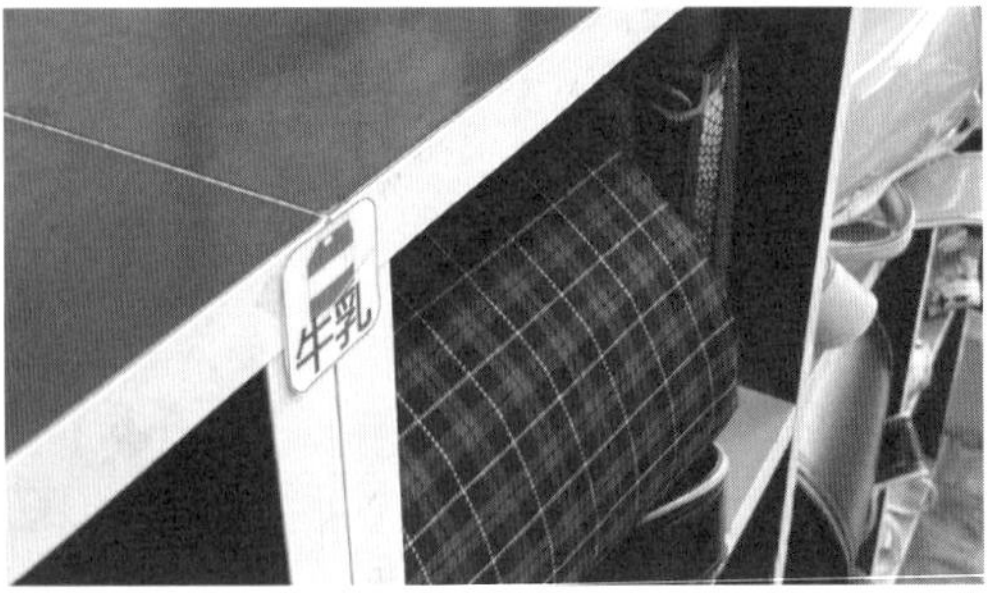

役割ごとに整列場所を示したシール
（埼玉県小学校教諭　河野安毅さん提供）

に整列できるようになる。ちなみに、僕は廊下には給食当番を並ばせない。教師机で仕事をしている僕から子どもたちの並ぶ様子を把握しづらいからだ。必ず教室後方に並ばせるようにしている。その場合、シールはカバンロッカーに貼ることにしている。

④ 子どもが並ばせる

給食当番の整列の声かけは子ども自身におこなわせよう。あらかじめ並ばせる役割をつくっておくのがおすすめだ。僕はそれを「給食リーダー」と呼んでいる。先程紹介した「ルーレット型当番表」にもよく見ると「リ」と書かれた役割があることが分かる。**これが給食リーダーだ。彼らは給食当番たちを整列させる。**また、給食当番たちがこぼした給食を拭くために、あらかじめ共用雑巾を持たせてある。ちなみに、当番の人数が少なければ他の役割と兼務させるのもアリだ。例えば「リーダー兼ごはん係」という具合に。

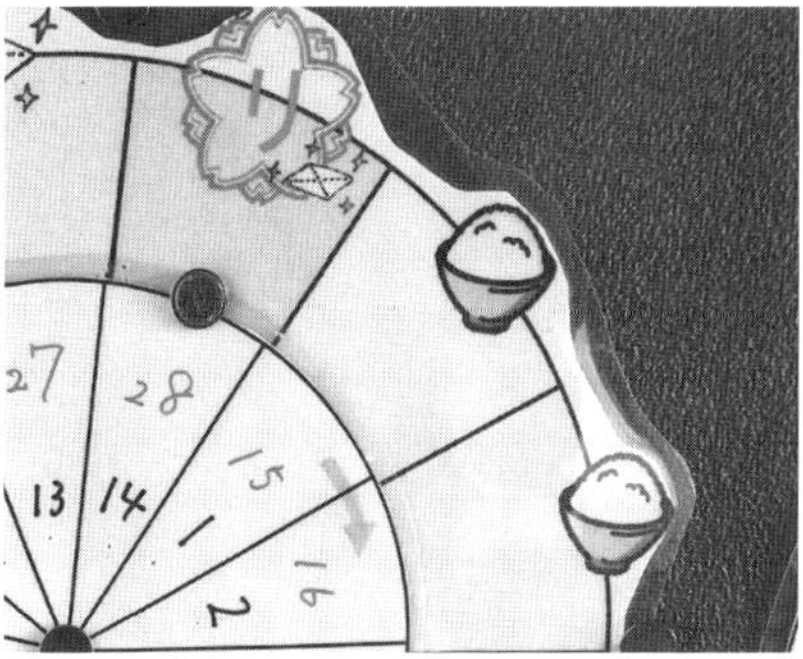

リーダーを役割として位置付ける

⑤ 整列したら担任を呼ぶ

給食当番たちが整列できたらリーダーが「先生、並びました」と言って担任を呼ぶようにする。授業終了後から整列までの短い時間ではあるけれど、僕はこういう隙間時間で事務仕事等を進めている。子どもが並ぶのを担任がその場で見つめたり、声をかけたりする必要はない（年度当初は、担任もリーダーと共に声をかけてあげよう）。

以上が整列までの給食準備の指導のコツだ。これらも担任がいてもいなくても準備が進む学級システムの一つだ。

素早い給食準備の奥の手

前項のような指導をしたにもかかわらず、整列までの準備にダラダラと時間がかかる学級に「奥の手」を授けよう。「この指導で子どもたちの行動が変わらなかったことはない！」……というぐらい効果絶大だ。

指導することは「**整列までの準備に一体何分間必要かを体感させる**」だ！

まずは、給食前の4時間目の授業を少しだけ早く切り上げる。そして子どもたちに次のように問いかける。

「一体何分間あれば、給食当番は準備を終えて整列できるかな？」

きっと子どもたちは普段の準備の様子から「9分」とか「10分」とか答えるだろう。

ここで、実際にその準備の様子をみんなで見学する。つまり、**一人の子どもを実演者として指名し、整列までの様子を学級全体で眺めるのだ。**準備に何分間かかったのかを学級全員で目撃させるのだ。

担任は「ようい、スタート！」の合図でストップウォッチを動かす（ストップウォッチの画面は子どもたちには見せない）。

実演者である子どもはストップウォッチ開始と共に

・トイレを済ませる
・手洗いとうがいをする
・給食着に着替える
・箸などを準備する

・整列の場所に移動する

をおこなう。決して急がず、いつも通りの動きで。

準備が終わり、実演者が整列場所に移動した時点で担任は手元のストップウォッチを止める。

子どもたちは一体何分かかったのか興味津々だ。そして僕がストップウォッチの表示されている時間を読み上げる。

「2分48秒！」

僕がそう言うと、子どもたちは

「えええっ!?　そんなに速いのおお!?」

と大絶叫する。

この2分48秒という時間は実際の数字だ（ただし実演したのは小学6年生）。

ここで子どもたちは初めて気づく。如何に自分たちが給食準備を緩慢におこなっていたかを。そしてその準備が如何に自分たちの食事時間を圧迫していたかを。

給食準備を実演する子ども

この後は、整列までの目安の時間を次の様にやりとりし、学級全体で共通理解すればいい。

担「3分あれば給食準備ってできちゃうんだね。でも、実際はトイレや廊下はたくさんの人で混んでいるだろうし…。実際には何分ぐらいあれば準備を終えられるかな？」

子「4分あれば十分いけると思います！」

担「じゃあ、サービスで「5分間」でどう？　5分以内に準備を終えて整列完了。できそう？」

子「楽勝です！」

担「それは頼もしい。おっと、ちょうど4時間目の授業が終わるね。それでは早速今の学びを生かしてみよう。本当に今から5分後に整列できるのかな？　給食当番以外のみなさ～ん、当番が頑張る様子を是非見ていてあげてくださいねえ！　それじゃあタイマースタート！」

……これで給食当番たちの士気は最高潮に達する。そして間違いなく給食準備の速度は爆上がりするだろう。

ところで、この指導の本質は何だろう。一連のやりとりから「うまく子どもたちを話術でのせているだけ」のようにも思える。けれど、そうではない。

多くの場合、理想と現状にはズレがある（このズレのことを一般的に「問題」と呼ぶ）。問題を解決するには当然「解決策」が必要になる。けれど、解決策を講じる前にすべきことがある。それは、**問題を問題として認識する**ことだ。

多くの場合、子どもたちは問題を問題として正しく認識できていない。今回の例で言えば「理想の給食準備（5分）と現状（9分）のズレ（4分）」、この「4分間の遅れ」を認識できていないのだ。

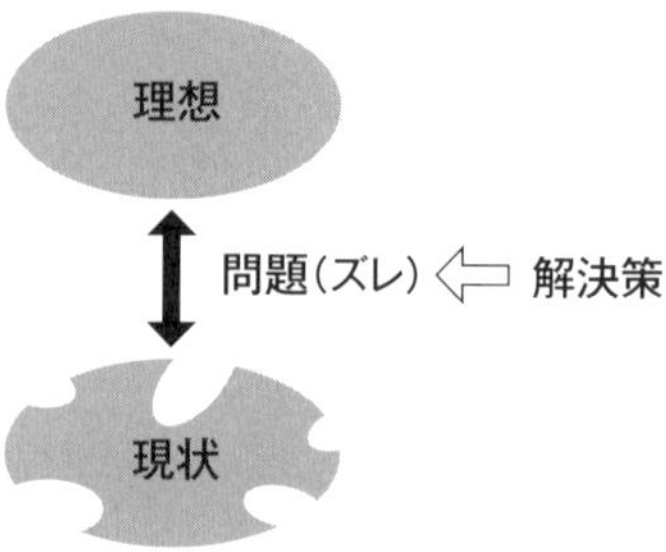

「問題解決」のイメージ図

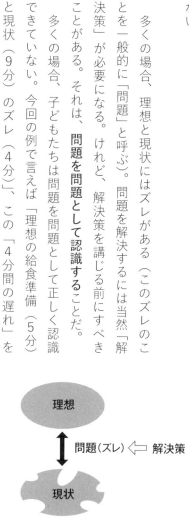

担任の仕事は、この「4分の遅れ」に気づかせることだ。今回、子どもたちは「実演」という方法により気づきを得た。これにより給食準備の「問題」が浮き彫りになり、特に解決策を講じたわけでもないのに、子どもたちの意識が変わり、結果として問題が解消したのだ。

担任には学級の「問題」がよく見えている。だからと言って、子どもも同じとは限らない。まずは子どもに問題の存在を気づかせるところから始めよう。

アレルギー対応は万全を期す

整列したら給食当番は教室を出発する。けれど、その前に担任としてどうしてもしておきたいことがある。アレルギーチェックだ。きっと各学校で、アレルギー対応の仕方が概ね決まっているはずだ。基本的にはそれに則っておこなえば問題ない。ただ、「問題ない」とは「担任の責任問題に発展しない」という意味であって、必ずしも「子どもの健康を守れる」という意味とは限らない。

そこで僕が実際におこなっていたアレルギーチェックの仕方を紹介したい。

僕は給食当番が出発する直前に必ず「アレルギー対応食」の確認をしている。アレルギー対応食は担任だけが把握していても、該当の子どもだけが把握していても不十分だ。学級全体が把握しておく必要がある。なぜなら、給食の配膳は多くの子どもが関わるため、あってはならないけど、いつどのように給食が入れ違ってしまうか分からないからだ。

「今日はクミさんはいちごではなくブルーベリーです」

と、担任が整列している給食当番たちに連絡をする。当番たちは「はい」と返事をする。僕と目が合わなかったり、返事が聞こえなかったりしたらやり直させる。こちらは真剣だし、それを伝えるためだ。

給食室から「除去食」「代替食」を持ち出すのはもちろん担任だ。一切子どもには触れさせない。教室に戻ったら、担任の手で対応すべき子どもの机に配膳する。

さらに、「いただきます」の直前にも、日直に「先生、アレルギー対応食の確認をお願いします」と言わせる。担任が改めてアレルギー対応食を目視し、「ＯＫです」と学級全体に伝える。それを聞いて、ようやく日直が「いただきます」と言う。

ポイントは、アレルギー対応食がある日も無い日も確認をおこなうことだ。「ある日」だけやるから「漏れ」が起きる。毎日のルーティンにすれば漏れは起きない（もちろん年に１〜２回しか対応食が無いのなら、敢えてルーティンにする必要はないと思うけれど）。

２０１２年、東京都調布市の小学5年生の子どもが給食後に体調不良を訴え、そして亡くなった。乳製品にアレルギーのあった子どもが、他の子ども用で余っていたチーズ入りのチヂミを食べたことにより、アナフィラキシーショックを起こしたのだ。

僕はこの年、ちょうど同じ学年の小学5年生を担任していた。とても他人事とは思えなかった。

この事故を覚えている教師も、初めて知った教師も、それぞれが教訓にし、日々の給食指導にあたりたい。たった1度のミスも許されない最重要の仕事だ。

配膳は原則「完全配膳」

給食は適切な栄養量に基づいてその内容や量が決められている。だから、過不足なく「完全配膳」を目指す。もちろん子どもによって食べられる量に違いはあるため、調整は必要だ。その調整は後ほどおこなうこととして、一旦は完全配膳を目指そう。

子どもは配膳する量を目測することが難しい、なので最初は担任が実際によそって見せ、それを基準に子どもに配膳をさせるといい。ご飯は下の図の様にしゃもじで人数分に区切ってあげると配膳がしやすくなる。汁は沈んだ具をかきまぜると配膳量にばらつきがなくなる。

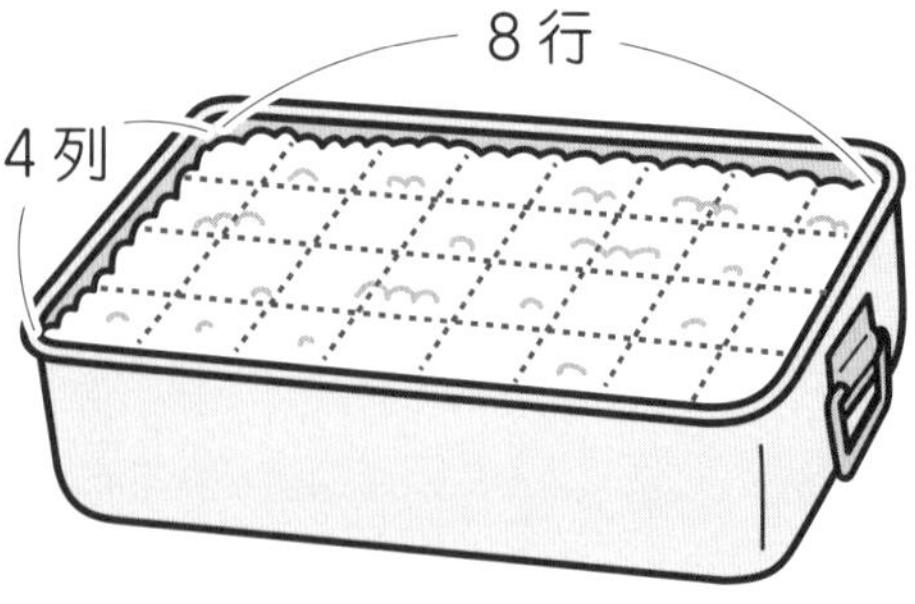

ご飯を32個に分けた場合（4列×8行）

ちなみに、配膳の仕方は学校によってかなりバラつきがある。子どもたちが配膳する学校、担任が配膳する学校、もう調理員さんたちが配膳までしてくれている学校…。それぞれの学校の実態に応じて、参考にできるところがあれば参考にしてほしい。

給食の量の調整

一旦平等な量で配膳した給食だけど、子どもによって食べられる量は異なる。この量を調整する必要がある。

僕の学級の場合は、**「いただきます」の後に給食当番が再び食缶の前に並び、彼らが量の調整をする**。その方法を参考までに紹介したい。

まずは「減らし」。「減らしてほしい人は来てください」と給食当番が呼びかけると、子どもが各食缶の前に並び、給食当番に減らしてもらう。減らす量は厳密にルールを決めているわけではないけれど、概ね20〜30％程度だ。ちなみに、減らす理由は「嫌いだから」ではなく、「量が多すぎるから」。だけど、子どもの内面のことなので、並んでいる子どもの真意は僕には分からない。だから、実際には「嫌いだから減らしている」という子どももいるかもしれない。ここは敢えて厳重なルールをつくらずに、子どもに逃げ道を残している。子どもの心理的な負担を軽減するのがねらいだ。黙認というやつだ。

続いて「増やし」。量を増やしたいものを増やす。「減らし」が終わった給食当番から「増やしたい人は来てください」と呼びかける。増やしてほしい子は各食缶の前に並び、適量を増やしてもらう。適量とは「残っているおかずの量÷並んでいる人数」だ。

ちなみに、増やせる人は、先ほど減らしていない子どもたちだ。「量が多いから減らしたのに別の献立は増やしたい」、これは筋が通らない。子どもたちもこの論理はよく納得する。

この「減らし」「増やし」が完了し、完全に配膳しきった給食当番から席に戻って食事を開始する。

ただ、日によっては完全配膳ができず、「残菜」が出てしまうことがある。そんな時は担任が調整役を代わって「もう少し食べられる人はいないかい?」と呼びかける。それでも増やせる人がいなければ、そこで調整は終了。完全配膳は目指すけれど、そこに固執する必要はない。無理をさせる必要もない。そもそも日によっては欠席者が多く、残菜が出て当然の日もある。

重要なのは子どもたちの十分な栄養の摂取を促すことであって、完全配膳ではない。

「おかわり」は食べ終わっている人だけ

僕の学級の場合、プリンや牛乳等、分割しにくい献立が余った時にはおかわりジャンケンをしている。

ルールは「給食終了5分前の時点で食べ終わっている子どもたちがジャンケンをし、勝った子どもが余った献立を食べられる」というものだ。

「5分前に食べ終わっている子ども」という条件を設けているのには理由がある。それは、

「おかわりジャンケンをする時間」と「おかわりした献立を食べる時間」を含めて給食時間内で終わらせてほしいからだ。給食時間終了後にジャンケンを始めると、どうしても片付けが滞ってしまう。

また、時々早い者勝ちでおかわりをさせている学級を見るけれど、あれは止めた方がいい。子どもの食事に必要以上のスピードを求めることになるからだ。早食いの能力を育てることは、僕の知る限りどの資料にも記載されていない。

学校によって給食の指導方針はまちまちだし、担任によっても合うやり方・合わないやり方があるだろう。今回紹介した僕の指導法にフィットする部分があれば、取り入れてみてほしい。

好き嫌いが多い学級への指導

時間内に食べきれない子どもが多い学級におすすめの指導法がある。自校給食限定の取り組みにはなるけれど、栄養教諭に頼んだ上で、**調理員さんが給食をつくる姿を見学に行く**のだ。子どもたちは、食材の量と調理員さんの調理の速度に圧倒される。僕はその時、必ず調理員さん一人ひとりの名前を紹介する。

「今、大きなシャモジを持っているのがイマイさんだよ」

「野菜を切っているのがヤマグチさんだよ」

という風に。

その日の給食では自然と

「あ、これヤマグチさんが切っていた人参だ」

というような言葉が聞こえてくる。不思議と残菜が減る。「つくってくれた人の顔が浮かぶ」

ということの効果はかなり大きい。

僕の元同僚の調理員さんたち

調理の様子を窓一枚隔てて眺める子どもたち

僕たちはよく「給食をつくってくれた人に感謝しましょう」と子どもに言う。では、子どもたちは調理員さんの顔を知っているだろうか。名前を知っているだろうか。そもそも担任自身は調理員さんの名前をフルネームで言えるだろうか。子どもを変えようとする前に、まずは自分から変わろう。担任としてもち続けたい姿勢だ。

給食も原則「定刻終了」で

給食準備でセットしたタイマーが鳴ったら、食事時間を終了にしよう。基本的に延長はなし。すぐに片付けに移ろう。「ごちそうさま」の時刻をずるずる後ろに延ばすと、子どもたちは「ゆっくり食べれば食事時間を延長してもらえる」という誤った認識をしてしまう。授業でもどんな活動でも定刻開始・定刻終了が原則だ。

「ごちそうさま」の後は給食当番が担当の食缶等を持って再び並び、そろったら担任を呼び、給食室に向けて出発すればいい。

ここで言う「そろう」とは「給食当番全員が整列する」という意味じゃない。食べ終わらない当番を待っていては出発が遅れてしまう。「ごちそうさま」の時点で既に食べ終わっている当番たちで補い合ったり、担任が手伝ったりするといい。既に中身がないので食缶二つぐらいなら難なく持てる。

ちなみに、「ごちそうさま」の時点で食べ終わらない子どもがいた場合、即残飯として処理するのではなく、少しだけ粘らせよう。学校の方針があればそれに則って指導をすればいいと思うけど、特に示されていない場合は、常識的に考えて最大でも次の活動が始まるまでだろう。

おまけ ～給食着はたたんでから袋に入れる～

給食着のたたみ方はとっても簡単。一度教えてあげれば子どもたちはすぐにできるようになる。合言葉は

①「そでとそで」　　…袖と袖を合わせる
②「そで、パタパタ」…袖を2回折る
③「体、パタパタ」　…全体を半分に折る。もう1度、半分に折る。

これができる学級の給食袋は全部「ぺったんこ」だ。写真を参考に、一度指導してみてほしい。驚くほど見違える。

ちなみに、写真の女の子は小学1年生（当時）の僕の娘だ。

①「そでとそで」

②「そで、パタパタ」

③「体、パタパタ」

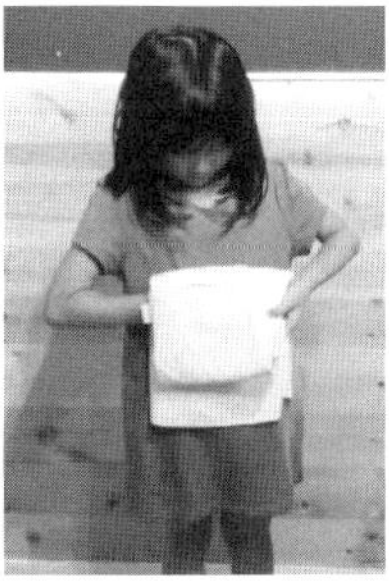

給食着のたたみ方

ここまで「スムーズに進む給食」に関わるノウハウをたくさん紹介してきた。でも、本質はそこじゃない。**一番大事なことは、子どもたちが和気あいあいと、そしてしっかりと給食を食べられることだ。**「スムーズな給食準備」はそのための手段に過ぎない。

いくら準備が速くても緊張感が高かったり、大量の残飯が出たりしては意味がない。子どもたちの給食への喜びや負担感に寄り添いながら、成長を促していこう。

CHAPTER 10

清掃

〜清掃がうまくなる一日一分の「心タイム」〜

清掃は難易度の高い活動の一つだ。担任が子どもたちの様子を把握しづらいため、子どもたちの「素」の姿が表出しやすい。ある意味、学級経営が機能しているかどうかのバロメーターになる。

そんな清掃も、指導のツボを心得ておくことで子どもたちの姿が大幅に改善する。

役割分担を決める

給食と同じで、まずは役割分担を決めるところから始めよう。ただし、清掃は全校レベルで分担場所やそのやり方が指定されている場合がほとんどだ。それらを踏まえた上で、参考にできるところがあれば参考にしてほしい。

まずは僕が小学校4年生を担任したある年の役割分担のフレームを紹介しよう。尚、「清掃場所」とは教室や廊下等のことを、「役割」はほうきや雑巾等のことを指している。

・清掃当番　…生活班ごとに清掃場所を分担する

・清掃当番の人数　　　：1班4名程度
・清掃当番表　　　　　：ルーレット型当番表
・清掃場所の交代頻度：1週間ごとに清掃場所を交代する
・役割の交代頻度　　：基本は1週間固定。週の中日で班内で1度交代してもいい

「週の中日で交代できる」というルールがやや特徴的かもしれない。「これは、1週間役割が固定されると飽きてしまう」という子どもたちの切実な声と「自分の役割のスキルを日々高めてほしい」という僕の意見を折衷した形だ（僕としては1週間役割を固定することで、清掃する力の改善を黙々と目指し、稀に訪れる改善に喜びを抱けるようになってほしいのだけれど、そういった修行僧っぽい子どもは多くない。というかほぼいない（笑））。

ところで、この「役割分担」については担任の個性が如実に表れる。生活班ではなく個人単位で清掃場所・役割を指定する担任、生活班ごとに役割表を書かせて清掃場所に掲示させる担任、役割を1週間完全に固定させる担任、日替わりでの役割変更を認める担任…。

清掃指導が機能するかどうかの第一の壁は、この「役割分担」を子どもの意欲を削がな

い形で如何に決定するか、だと考えている。

それぞれのやり方に一長一短あることは間違いない。学校の方針と齟齬のない範囲で、学級にフィットするものを模索し続けよう。

清掃用具の使い方を教える

「うちの学級は本当に清掃が下手くそで…」とボヤく担任ほど、案外「清掃用具の使い方」を教えていなかったりする。頭の中のどこかで「清掃用具の使い方ぐらい誰だって分かるでしょう?」と思い込んでしまっている。ここが担任の盲点だ。子どもたちの多くは清掃用具の正しい使い方を知らない。保護者からもこれまでの担任からも教わってきていないことが多い。何となくの見様見真似で清掃用具を使用してしまっている。

例えば「ほうき」。

ほうきは必ず柄《え》を上にし、穂先を下にした状態で持ち、歩く。柄が前や後ろを向いていると危ないからだ。

ゴミを掃く時はネコをなでるようにやさしく掃く。ゴミが飛び散らないためにだ。

片付ける時は吊るす。もしくは穂先を上にして置く。穂先に癖がつくと掃きづらくなるからだ。

どうだろう。これを4月に実演しながら説明するかしないかで、随分子どもたちの清掃中の姿が変わるのではないだろうか。他にも雑巾、バケツ、黒板消し、ブラシ等、それぞれに正しい使い方、管理の仕方がある。

これらの説明を一切せずに、子どもたちに上手な清掃を求めるのはあまりに酷だ。

もしも清掃用具の使い方をもっと学びたければ、「ダスキン」のＨＰが参考になる（下のＱＲコード）。学校教育支援活動として、清掃の仕方を分かりやすく解説してくれている。

ダスキンのHP

案外指導を忘れがちな「清掃用具の使い方」。年度当初のわずかな説明で子どもたちの姿が大きく改善する場合がある。是非試してみてほしい。

場所ごとの清掃方法を教える

各清掃場所にはそれぞれに適した清掃方法がある。これを説明することで、子どもたちはより集中して清掃に向かえるようになる。

清掃中、手持ち無沙汰にふらふら歩いている子どもの中には、「何をどういう手順で清掃をしたらいいのか分からない」という子どもが少なからずいる。

例えば、廊下ならば教室と平行になるようにほうきや雑巾を進めさせる。廊下を往復する回数が減り、清掃速度が上がる。また、歩行者と接触する可能性が低くなり、より安全に清掃をおこなうことができる。ちなみに、廊下のほうきは「教室側から窓側」に向けてゴミを掃く。教室にゴミを入れないためだ。

このように、ほうきの進み方一つとっても、合理的な清掃手順が

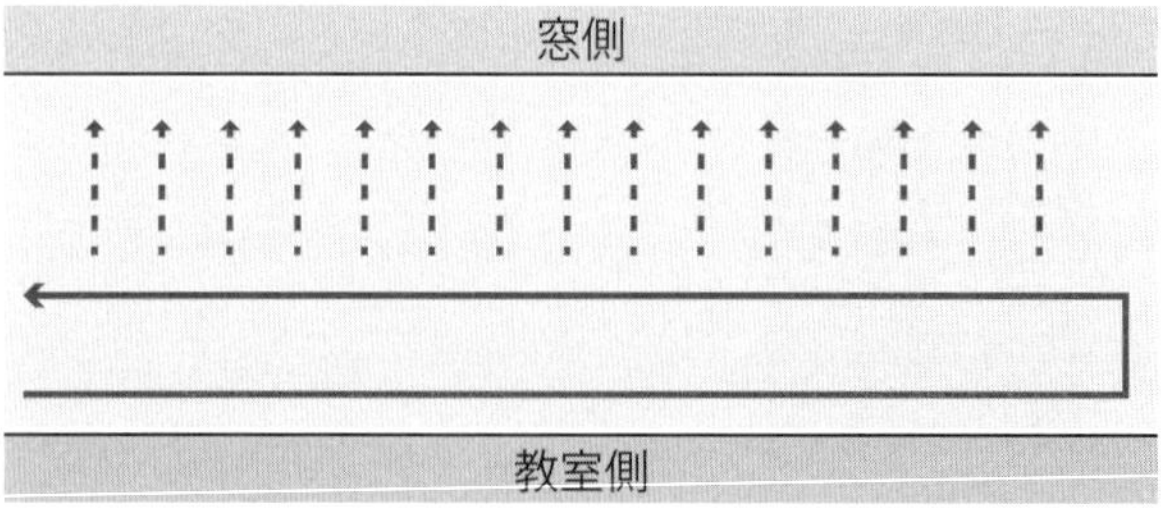

廊下の清掃方法

あることに気がつく。もしもこの様な合理的な清掃方法を教えられるようになりたいのなら、とてもおすすめの方法がある。ただし、ちょっと面倒くさい。

その方法とは、「**一度担任自身がその清掃場所を一人きりで清掃してみること**」だ。そうすれば、清掃をする中で合理的な清掃法が自ずと見えてくる。また、「チリトリが壊れている」「流しのスポンジが無い」「ここは4人も必要ない」…など、「子どもの困りポイント」や「担任の指導ポイント」が浮かび上がってくる。

理科では予備実験をしてから子どもに実験をさせるはずだ。図工では実際に自分で作品をつくってから子どもに教材を配布するはずだ。家庭科では一度ミシンを動かしてみてから子どもにミシンを使わせるはずだ。算数では一度教科書の問題を解いてから授業をおこなうはずだ。

清掃も全く同じだ。

でも、このちょっと面倒くさい作業を多くの担任はやらない。そして、非合理な方法で清掃をおこなう子どもたちに、「ちゃんと清掃をしなさい」と漠然と怒っている。

順番が間違っている。まずは担任自身がトライし、気づき、理解すること。子どもへの指導は、その後だ。

ちなみに、各清掃場所の清掃方法を担任自身が理解できたら、**清掃手順の書かれた紙をラミネートし、各清掃班に配布したり、各清掃場所に掲示したりするといい。**清掃のポイントをばっちり押さえている担任が書く文章は、他の誰が書いた文章よりも的を射ている。結果として、子どもの清掃する姿が改善する。

春は一緒に清掃しない

年度当初は、担任は子どもと一緒に清掃活動をおこなうべきではないと考えている。年度当初は子どもたちが清掃場所にきちんと到着していて、清掃を開始していて、次の授業に間に合うように教室に戻ってきてくれれば十分合格だ。

そのために、春先は、担任は子どもと共に清掃に取り組むのではなく、全清掃場所をしっかりと巡回したい。

到着できていれば丸。清掃を開始していれば花丸だ。子どもたちが清掃に慣れてきたら、担任も清掃に加わるといい。

「心タイム」

「清掃の細かいやり方を教えてあげたいけど、なかなかその時間を確保できない」…、そんな声を時折聞く。

確かに学級開き2日目からガンガン通常の授業が始まるので、清掃場所ごとの指導、清掃用具の使い方を丁寧に教えている時間ははっきり言って無い。ここでおすすめしたいのが「心タイム」だ。

「心タイム」では、まずは清掃開始時に一旦学級全体で教室に集合する。教室後方に日直が立ち、日直の前に子どもたちが清掃場所ごとに床に座っているイメージだ。そこでは二つのことをおこなう。「人数調整」と「清掃指導」だ。

人数調整では、日直が「人が足りなくて掃除のできない班はありますか?」と学級全体に尋ね、人員が足りているグループから足りていないグループに子どもを動かす。ただ、多くの場合は多少の欠席者がいてもどうにかなるので、そんなに頻繁に調整をおこなうわけじゃない。

続いて「清掃指導」。ここでは担任が一つだけ清掃に関する指導をする。清掃用具の使い方や、清掃場所に応じた合理的な清掃方法についてだ。例えば、「黒板清掃は黒板の字を消した後、粉受けに貯まった粉を小ぼうきでこのように片付けます。粉を捨てる際はゴミ箱が汚れないように、このようにして…」という感じだ。多くの子どもが黒板清掃ではないけれど、知識として全体に共有する。時間にして1分間あるかないかぐらいだ。これを、日々コツコツと積み重ねていく。

教室清掃の指導が一通り終わったら、廊下や特別教室の清掃についても説明していく。その際、集合は「現地」となる。つまり、理科室の説明をしたいなら、清掃開始時の集合場所は教室ではなく、理科室にする。理科室で「心タイム」を終えたら、子どもたちは各清掃場所に散っていく。

特に年度当初はこれを毎日繰り返す。確かに毎日わずかに清掃の時間を使うことになるけれど、1年間というスパンで見た時にこの指導効果の絶大さが分かる。理科室清掃の班が替わる度に理科室清掃の説明をし直す…という手間もなくなる。

この「心タイム」には思わぬ副産物もある。それは、心穏やかに清掃を開始できるということだ。大抵の場合、清掃開始時は子どもたちはテンションが上がっている。そのため、清掃に集中し始めるまでに時間がかかる。ところが清掃開始時に一旦集合し、静寂をつくることで、ざわざわした心を落ち着かせることができる。だから、僕はこの時間を「心タイム」と呼んでいる。清掃が苦手な学級におすすめの時間だ。

清掃中のおしゃべりの是非

「清掃中に子どもたちがおしゃべりをしてもいいと思いますか?」と尋ねられたら、キミは何と答える?

下の写真は一心不乱に床を磨く子どもの姿だ。写真には写っていないけれど、他の子どもたちも黙々と自分の役割に集中し

黙々と床を磨く子どもたち

清掃中に話し合う子どもたち

ている。そこには一切の会話はなく、あるのは静寂だけだ。

上の写真も僕の教え子たちの写真だ。清掃中にもかかわらず、手も足も動いていない。おしゃべりにふけっている。

耳を傾けると、こんな会話が聞こえてきた。

「この掃除の順番、こういう風に変えた方がよくない?」

「どうして?」

「だって、この方が速く進みそうじゃない?」

「え? なになに? 何の話? 私にも聞かせて」

「だから、今ふと思ったんだけどさ。掃除の順番が…」

ある子どもの声をきっかけに、子どもたちはこれまで何か月も続いてきた「この学級の清掃手順」に疑問を抱き、ちょっとした「話し合い」を繰り広げていた。

改善の余地に気づき、提案し、意見を交わし、打開策を見つけようとしている彼らのこの姿もまた、「清掃に取り組んでいる」と言えるのではないか。

2枚の写真、どちらが良くてどちらが悪い、ということではないと思う。清掃中のおしゃべりの有無は表面的な現象に過ぎない。清掃に「心」が向いているのであれば、どちらでも構わないんじゃないかな？

僕は現在海外で生活しています。現地の学校に視察に行くこともあります。そこで改めて感じるのは、日本人の「公共」という意識の高さです。「みんなが使う場所だからみんなで整えよう」。僕たちが当然の様に抱くこの感情は、実は当然ではないのかもしれません。そして、学校での清掃活動が少なからず日本人のその意識に影響を与えているような気がしています。

…ただ、「公共」の意識が強すぎると、今度は息苦しくなってしまいますね。バランスが大事です。

CHAPTER 11

5時間目

～「お楽しみ会」で自治力を磨く～

驚くべき「お楽しみ会」のポテンシャル

「「お楽しみ会」で学級はすさまじく成長する」と言うと、多くの教師が首をかしげる。「お楽しみ会って、ドッジボールとかするやつでしょ？　成長なんてする？」と、キミも思うかもしれない。なるほど。確かにそれもお楽しみ会といえばお楽しみ会だ。でも、僕が子どもと共につくるお楽しみ会は少し違う。

子どもたちは前日になると「楽しみ」と「緊張」でドキドキして眠れなくなる。会の終わりが近づくと「まだ終わってほしくない」と祈り始める。帰宅後には「七夕パーティを年に3回したくなりました」なんていう愛らしい文章を日記に書いてくれる。

お楽しみ会は楽しいだけじゃない。子どもの「提案力」「計画力」「思考力」「発想力」「運営能力」「進行能力」「振り返る力」

お楽しみ会の様子

「改善の力」「対話する力」「相手の思いを想像する力」等、多くの力を伸ばすことができる。楽しいのに成長する。成長するから次のお楽しみ会がもっと楽しくなる。こんな正のスパイラルをどの学級にもうむことができる。

お楽しみ会は「学級の日常」というわけではないけれど、会で得た成果を学級の日常にかえすことができる。その意味で、僕はこのお楽しみ会を学級の超重要イベントとして位置づけている。

まずは、お楽しみ会の様子を見てもらおう（下のQRコードより）。

小学6年生の一人の女の子が、クリスマス会でクイズを出している…。ただそれだけの映像だ。映像は1分間ほどだけど、お楽しみ会が創り出す温かい雰囲気を感じてもらえると思う。そしてきっと「こんなお楽しみ会をしてみたい！」と思ってもらえるはずだ。

そのためのノウハウを今から話していこう。

お楽しみ会の映像

ゼロからイチを創り出す

子どもたちは指示通りに動くことが得意だ。一方、ゼロからイチを創り出すことはちょっと苦手だ。仕方ない。そういう機会をあまり与えられてこなかったからだ。だからこそ、この「ゼロイチ」の力を伸ばしてあげよう。

方法は簡単だ。**「お楽しみ会を開催しよう」という提案を、子ども自身にさせることだ。**

ただ、ゼロからイベントの立ち上げを経験したことのない子どもたちは、「お楽しみ会の開催の提案」という概念がない。こういう時に担任は「教える」という指導技術を活用しよう。筋の良さそうな子ども2〜3人にこう呟くといい。

担「お楽しみ会とかやりたいね〜」

子「うん！　やりたい！　先生、いつやるの？」

担「え？　先生こそ知りたいよ。いつやる予定なの？」

子「え？　やっていいの？？」

担「もちろん！　まずは学級全体に「やりませんか？」って尋ねてみるといいかもね！」

子「分かった！　じゃあ早速言ってみる！」

…という具合だ。十中八九、お楽しみ会の開催は可決されるだろう。

これがカンフル剤となり、次回以降のお楽しみ会は子どもたちから開催の提案がされるようになる。されないようなら、再び刺激をしてあげたらいい。このように、ゼロイチが苦手な子どもたちには**「ゼロイチの手順」**を教えることで、具体的に行動できるようになっていく。

避けたいのは、担任が「お楽しみ会をしよう」と提案してしまうことだ。この瞬間に「受け身のお楽しみ会」が始まってしまう。

絶対にやめてほしいのは「お楽しみ会をしよう。ただし、宿題がそろったらね」など、交換条件を突きつけることだ。

こんな学級の末路は目に見えている。宿題を提出しない子どもが周りから責め立てられ、責められた子どもは機嫌を損ね、学級全体の雰囲気がギスギスしていく。もはやお楽しみ会をするムードじゃなくなっていく。一体誰が得をしているのだろうか？　宿題提出者？　未提出者？　担任？　…誰一人得をしていない。

恥ずかしながら、過去に僕がやってしまった失敗だ。キミには同じ失敗をしてほしくない。

実行委員と「フレーム」を決める

お楽しみ会の開催が決定しても、子どもたちは動き始めない。やる気がないわけじゃない。何から手をつけたらいいのか分からないんだ。だから、「フレーム」をつくることから始めていこう。日時とか場所とか、会の枠組みとなる部分だ。

とは言え、学級全体でそれを相談して決めるだけの時間的ゆとりは無い。けれども、担任の独断で決めることは避けたい。そこでナイスなアイディアがある。**お楽しみ会の代表者である「実行委員」を決め、その実行委員と担任が一緒に「フレーム」を考える、という方法だ。**

まず立候補者を募り、その中から実行委員を決めるといい。「良い会をつくるぞ!」というガソリンが満タンに入っているからだ。決め方は選挙でもジャンケンでも、子どもたちが納得しているのなら何でもOKだ（ちなみに僕は選挙で決めることが多かった）。人数は4～5人ぐらいいれば十分。

実行委員を決めたら、学級全体の同意を得た上で、「フレームのたたき台」を実行委員と担任で一気につくってしまおう。「フレーム」の例を次のページに示してみたので、まずはそちらを眺めてみてほしい。

まず、日時、時間、場所等に関しては話し合いの余地がない場合が多いので、担任から実行委員に伝達してしまおう。

続いて、「プログラム」は詳細までは決めないけれど、大まかな全体の流れを実行委員と共につくってみよう。「どんな流れにすると学級全体が楽しんでくれそう？」等と問いかけながらつくるといい。

「役割分担」も詳細は決めなくていい。けれど、「どこに」「いくつの係が必要か？」は明確にしよう（次のページの係A～Fのような感じ）。

『七夕パーティの案』

○日時：7月7日（金）
　　中休み〜4時間目

○場所：3時間目は教室、4時間目は校庭も使える

○プログラム

- 準備（10）　【全員】
- はじめの言葉（2）　【実行委員】
- 歌（2）　【係A】
- あそび1（教室）（15）　【係B】
- 全員出し物（教室）（30）　【各自】
- あそび2（外）（15）　【係C】
- 七夕送り（10）　【係D】
- 感想発表（3）　【希望者3人】
- 先生の言葉（3）　【先生】
- 終わりの言葉（2）　【実行委員】
- 記念撮影（3）　【先生】
- 片付け（10）　【全員】

○その他の係

- プログラム【係E】・飾り【係F】
- 全体進行とタイムキーパー【実行委員】

実行委員と担任がつくった会の概要（フレーム）のたたき台

このたたき台はせいぜい20分くらいあればつくれてしまう。ところがこれを学級全体でつくろうものなら1～2時間はかかるだろう。繰り返しになるけれど、学校にはなかなかそこまでの時間的ゆとりはない。この作業はテンポよく進めたいところだ。

仕上がった「フレームのたたき台」は、これで完成ではない。**後日、実行委員が学級全体に提案する。**実行委員以外の子どもたちから意見をもらい、修正があれば修正を加える。例えば子どもから「プログラム係と飾り係を合体してはどうか？」という意見が出たら、学級全体で意見を交流し、最終的にみんなで決定していく。特に意見が出ないようであれば、晴れてお楽しみ会の「フレーム」の完成だ。

この「学級全体への提案」を絶対に蔑ろにしてはいけない。「一部の人がどんどん進めた」という意識が、受け身の姿勢や妬みの感情を引き起こす。**学級の活動は常に、そして誰に対しても開かれている必要がある。**

全員でつくり上げる

会の「フレームのたたき台」が学級全体から認められたら、次は役割分担を決めよう。役割分担さえ決まれば、いよいよ子どもたちが会の準備を開始できる！

役割の分担の仕方は難しくない。実行委員と担任が一緒に決めた「役割」に、学級の子どもたちを配置していくだけ。「フレームのたたき台」の『七夕パーティの案』をもう一度見てほしい。そこに「係A～F」が書かれている。この各係に、学級の子どもたちを配置していくのだ。

各係のメンバーは一から希望を募って決めてもいいし、生活班等で分担してもいい。僕の場合、学級に元々あった係活動（生き物係とか新聞係とかのこと）とこの「お楽しみ会の係」を兼務させることが多かった。

ポイントは、全員に何かしらの役割を設けること。これだけは譲れない。子どもは準備や運営に携わることで、「誰かを喜ばせることができた」という貴重な経験を得ることができる。これが子どもたちの自己有用感を高め、自信になり、より積極的に学級集団に関わろうとする態度を育てる。

もしも子どもを当日楽しむだけの「お客様」にしてしまうと、会の後の感想は「おもしろかった」で終わってしまう。ところが「楽しませる側」に立たせることで、気づきや学び、反省がうまれる。そしてそれが、次回以降の意欲となる。

準備はゆる〜く

役割が決まったら「いよいよお楽しみ会の準備のスタートだ！」等と担任は入れ込まなくていい(笑)。準備はゆる〜くしていこう。お楽しみ会は学習発表会や研究授業じゃない。あくまで学級による学級のための催し物だ。準備も楽しく心地よく進めようじゃないか。

準備を進める上で最も重要なポイントは「準備の時間」を確保してあげること。子どもたちの「対話」「試行錯誤」「創造性」の発揮には全て「時間」が必要になる。ここはケチってはいけない。

発達段階や子どもたちの経験にもよるけれど、僕は**概ね週に1コマ、少なくとも合計4コマぐらいは時間を確保してあげる**ようにしていた。

ポイントはお楽しみ会の直前に4コマ確保するわけではないということ。コンスタントに、毎週1コマずつ時間を確保する。すると、子どもたちは「準備の続き」をしたくてうずうずしてくる。面白いことに、子どもたちの中には休み時間や放課後の時間をつかって準備をおこなう子が現れてくる。計画的な4時間の準備と突貫工事的な4時間の準備とでは、その質が全く異なる。

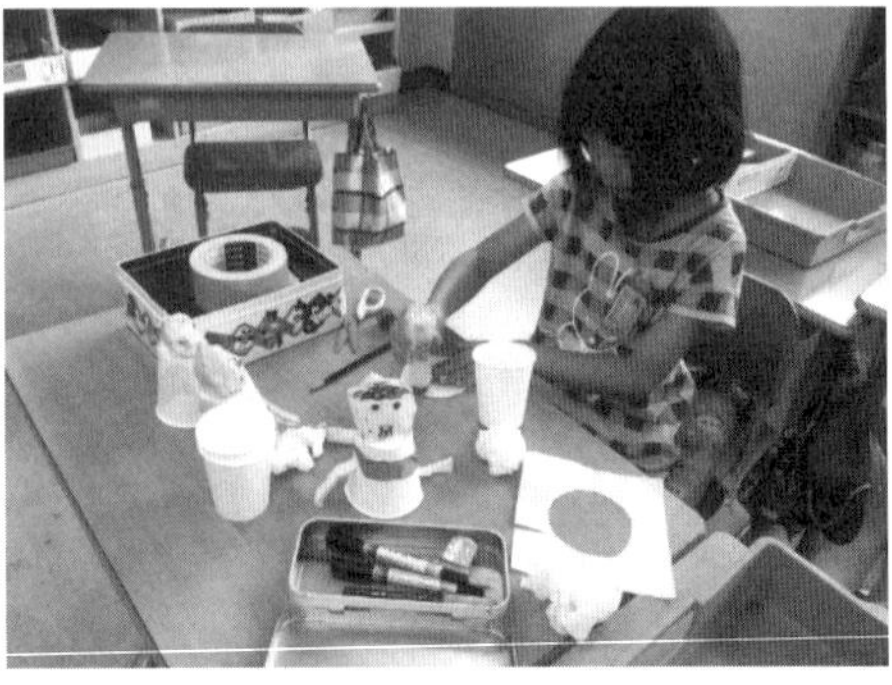

休み時間に準備を楽しむ子ども

とは言え、ハイクオリティな準備を子どもたちに求める必要は全くない。もしも子どもたちが困っていたら担任は相談にのってあげればいいし、欲しいものがありそうなら積極的に物資を調達してあげればいい。仮に困っていたとしても自分たちで解決したがっていたら、敢えて遠くから見守るのも大事な仕事だ。お楽しみ会当日までに準備が間に合わなそうな係があったとしても、間に合わないなりに本番を迎えさせてあげてもいい（笑）。大抵は何とかなる。それぐらい、担任は焦らず、カッカせず、「でん」と構えていよう。

お楽しみ会の準備が「楽しくない」なんて、なんだか悲しいじゃないか。「準備も当日も片付けも全部丸ごと楽しい」。僕はそんなお楽しみ会の実現を目指している。

「お楽しみ会」のプログラム例

お楽しみ会当日のプログラムはどんなものでも構わない。自由だ。だけど具体例があった方がイメージが湧きやすいと思うので、過去のお楽しみ会を思い出しなら紹介してみる。

【外遊び系】

ドッジボール、鬼ごっこ、サッカー、リレー、ネイチャーゲーム等。普段子どもたちが遊んでいるような遊びが中心となる。

【教室遊び系】

なんでもバスケット、宝さがし、ハンカチ落とし、歌、ウインクキラー、出し物（出し物は子どもによる発表会。劇、お笑い、演奏、特技発表、映画上映、クイズ大会、手品等）。


【季節もの系】

七夕送り（外で竹や短冊を燃やす）、仮装（ハロウィンと合わせて）、かるた大会、焼き芋パーティ、雪合戦……。


【その他】

お店屋さん、ものづくり、外で給食（栄養教諭の許可をとって）、転出した子どもとテレビ電話、タイムカプセル等。少し大掛かりになるので、準備や関係者との連携が必要になってくる。

七夕送りの様子

子どもたちの想いやアイディアに担任の知識や経験を加えつつ、キミの学級らしいプログラムをつくっていこう。

「お楽しみ会」当日の担任の役割

「お楽しみ会」当日の担任の役割はこれといってない（笑）。しいて言えば、子どもと一緒に楽しむことだ。

子どもたちが一生懸命準備した会だ。担任が加われるものがあれば、積極的に参加したい。

必ず失敗も起きてくる。そんな時は見守ったり、解決のサポートをしたりしていこう。

一つだけ実際に起きた例を紹介しよう。

お楽しみ会で、みんなで校庭で遊んだことがあった。まずは係があそびの説明をしようとした。ところがその係の子どもが泣いていた。説明を聞かず、おしゃべりしたり、ふらふら歩いたりしている友だちが何名もいたことが悲しかったようだ。

この時、担任の僕が動いた。「静かにしなさい！　きちんと話を聞きなさい！」……とは言わなかった。代わりに、説明をしようとしている数名の係の子どもを集めてこう耳打ちした。

「ルールの説明は、一度全体を座らせておこなうといいよ。そうすれば、みんな聞いてくれるよ」

係の子どもは素直にその通りに指示を出した。すると、みるみる聞く態度が整っていった。

どうってことない些細な事例だ。でも、こういった細かいトラブルへの打ち手を誤ると、会が台無しになったり学級そのものがギスギスしたりしてしまう。

……このトラブルの対応をした時の僕の脳内はこうだ。「できるだけ見守りたいな。けれど、見守っていても勝手な行動は改善しそうにないな。このままだと係の子どもの心が折れてしまう。さらに、会の時間もおしてきている。ここは担任である僕が介入しよう。ただし、僕が学級全体を動かすのではなくて、係に「動かし方を教える」という形で介入しよう。そうすれば、会の雰囲気を壊さずに会を再開できるだろう。勝手な行動には厳重注意が必要だ。でも、今じゃない。今はまだ会の雰囲気を壊すべきじゃない。注意は会終了時の「担任からのメッセージ」で伝えることにしよう。今はまだ我慢だ」。

大体こんな感じだ。

「子どもの気持ち」や「会の残り時間」等を総合的に考えながら、担任のあるべき対応を判断するようにしよう。

担任からのメッセージ

お楽しみ会の最後には、担任から子どもたちにメッセージを伝えよう。これにより子どもたちは自信を深めたり、次回に向けてさらに頑張ろうと思えたりする。

コツは「**サンドイッチ話法**」だ。「改善点」を「良かったところ」で挟んで伝えるといい。

つまり、「良かったところ」→「改善点」→「良かったところ」の順番で伝える。こうすることで、反省を促しつつ、子どもたちの頑張りを承認してあげられる。

例えばこんな感じだ。

「今回のお楽しみ会で驚いたことがあります。それは皆さんの表情です。班対抗リレーで負けん気を見せてくれた人、ユーモアたっぷりの出し物をした人、急な雨にもかかわらず落ち着いて教室への移動を指示した人…。普段教室では見ない、みんなの新しい表情を見ることができました。ただ、反省点もありました。校庭でおこなった遊びの「説明」の時のことです。…分かりますね。先生がいつも言っていることです。「楽しい」はみんなが楽しい、「悪ふざけ」は誰かが嫌な思いをする。あの瞬間は、学級が「悪ふざけ」に傾きかけました。二度と繰り返してはいけませんね。…とは言え、その後すぐに立て直り、とても楽しいお楽しみ会となりました。実行委員の皆さん、その場に立ってください。こんな素晴らしい会を中心となってつくってくれて本当にありがとう。拍手を送るよ。そして、協力して会をつくった仲間たちと「自分」にも拍手を送ろう。…さて、次回のお楽しみ会はいつかな？　次は誰が実行委員にチャレンジするのかな（にやりと笑う）？　今から楽しみで仕方ないよ。今日は最高のお楽しみ会をありがとう。これで、先生からのお話を終わります」。

サンドイッチ話法を使えば、課題を指摘しているのになぜだかネガティブな気持ちにならない。担任が使いこなしたい重要な教育技術の一つだ。そして、次回のお楽しみ会への意欲づけもさりげなくおこなっている。「実行委員への挑戦」だ。気持ちが高まっているこの瞬間に決意の後押しをしてあげることで、行動に移せる子どもが増えてくる。

ここまでお楽しみ会について話をしてきた。お楽しみ会の魅力、ポテンシャルを感じてもらえただろうか。年に数回のお楽しみ会だけれど、これをするかしないかで子どもたちの姿、そして学級の連帯感は大きく変わる。是非トライしてみてほしい！

僕は教職大学院の1期生です。授業では充実した学びがありましたが、一方で危機感も抱いていました。既に現場で働く同級生たちにどんどん差をつけられている気がしたのです。そこで、大学院と担任の二刀流をすることに決めました。

京都市立九条塔南小学校では、病休の先生のピンチヒッターとして3年生の担任を2か月間だけやらせてもらいました。勤務最終日、なんと子どもたちが「お別れ会」を開いてくれました。準備もプログラムも飾りも当日の進行も、全部自分たちでやってのけました。僕は素直に「すごい」と思いました。

そこからです。僕がお楽しみ会のポテンシャルに気づき始めたのは。

そして、少しずつ理解していくのです。「あの子たちは最初からすごかったのではなく、たくさんの教師たちの手によって、そのように育てられていた」ということを。

CHAPTER 12

帰りの会

～一日の最後はスマイルで～

帰りの会は「叱らない」、「延ばさない」

帰りの会のポイントは叱らないことと時間を延ばさないこと。これだけだ。

「叱る」という指導の目的はなんだろうか。それは、子どもに反省を促し、行動変容を起こし、成長の後押しをすることだ。

ところが、帰りの会で叱っても、その後に学習活動はもう残っていない。下校するだけだ。つまり、子どもには「反省を生かす時間と場がない」。反省を生かせなければ、叱った後の担任によるフォローの機会もないということだ。

結果、叱られた子どもは不満だけを家にもち帰る。その不満は友だちや親にシェアされる。こうして、じわじわと担任への不信感が広がっていく。

これは学級経営的に明らかにマイナスだ。よほどのことがない限り、帰りの会で叱ることは控えるべきだ。

また、帰りの会の時間を延ばすべきじゃない。授業ももちろん定刻終了すべきだけど、帰りの会はその何倍も気を遣った方がいい。

基本的に子どもたちは放課後が大好きだ。友だちと遊べるし、家にも帰れる。帰りの会の最中から子どもたちはウキウキし始めている。

そんな時に、担任の話がいつまで経っても終わらなかったらどうだろう。隣の教室からは「さようなら」の声が聞こえ、廊下を歩くたくさんの足音や賑やかな笑い声が聞こえてくる。子どもたちのウキウキは次第に「ソワソワ」に変わっていくだろう。

「なんで帰れないの…」

「早くしてよ…」

「なんでいつも帰りの会が長引くの…」

「先生の話、長すぎ…」

「また怒ってるよ…」

「この先生、やだなあ…」

こんな風に思う子どもがいないとも限らない。

子どもにとっても担任にとっても、帰りの会の時間を延長して良いことなんて一つもないのだ。

自分の感情をしっかりコントロールし、どうしても子どもたちに指導したいことがあれば穏やかに、そしてポジティブに伝えよう。あるいは、いっそ翌朝伝えるのもアリだ。

帰りの会の準備は5分以内

帰りの会の準備は5分以内で終わらせよう。小学校高学年なら3分あれば十分終わる。普段からスムーズに準備のできる学級なら問題はないけれど、中には準備に時間のかかる学級もある。そんな時は**「毎日決まったBGM」を流すことをおすすめする。**同じ音楽を流し続けると、子どもたちはその曲の構成を次第に覚えてくる。すると

「あ、もう2番だ！」

「もうすぐ終わる！　急いで！」

と、残り時間を意識することができる。すなわち「見通し」をもつことができる。

学校現場では「視覚支援」の重要性がかなり認識されてきている。僕が頻繁に使用するタイマーも視覚支援の一環だ。でも、視覚支援は「子どもが見てくれている」ことが大前提の支援だ。

帰りの会の準備中、子どもたちの視線はどこにあるだろう。そう、かばんや引き出しの中だ。つまり、視覚支援が機能しづらい状況下にあるということだ。即ち、**支援すべきは「視覚」に対してではなく「聴覚」ということになる。**

もしも帰りの会の準備で困っていたら、決まったBGMを毎日流すことを試してみてほしい。きっと効果を発揮するだろう。

余談になるけれど、中には帰りの準備をおこなわず、授業終了と共にそのまま帰りの会に突入する先生もいる。この方式では準備時間を完全にカットできる。その一方で、「さようなら」の後におこなう「個々人による帰りの準備の時間」に大きな差がうまれ、いつまでたっても下校しない子どもが出てくる可能性がある。結果、担任も教室から職員室になかなか戻れないという状況が起きてしまう。これはこれである意味担任の時間のロスになってしまう。

自分の学級に合う「帰りの会の準備」は何だろう。決まった答えはないと思うけれど、より良い方法を探し続けよう。

係や委員会以外からの連絡

素早い下校を意識している僕だけれど、一つだけ帰りの会でおこなう活動がある。それは「係や委員会以外からの連絡」だ。これは、朝の会でおこなう係活動や委員会などからの業務連絡とは異なり、**日常の生活の中で思ったことや気づいたこと、ひらめいたこと、お誘いなどを誰もが自由に表現できる場**だ。例えば、こんな連絡が実際にあった。

「明日は調理実習のお米を忘れないようにね。食べれなくなっちゃうよ！」

「今日廊下掃除のバケツが放置されていたけど、マイコさんが片付けてくれてたよ」

「ミキちゃんの家にみんなで行って、クリスマスパーティしませんか？」

「この後体育館でバスケやるし、来てください」…。

今でも印象に残っているのは、小学校低学年のアイカからの提案だ。

「私、今日気づいたんですけど、この学級には3人、左利きの人がいますよね？　給食でお箸をおく時に、右利きの人には持つところを右側にして、左利きの人には持つところを左側にすると、みんな食べやすくなるんじゃないかと思いました！」

この時は学級全体から拍手が起きた。

思えば、こういう「誰でもどんな内容でも自由に意見を言い合える場」というものが学校にはほとんどない気がする。思考も判断も表現も、必ずテーマを指定される。もちろんそれでも子どもの力は身につくけれど、やっぱりどこか窮屈だ。彼らの自由な発想を発揮し、また、それを育む場としてこの「係や委員会以外からの連絡」はもってこいの時間だ。

ただいま箸の置く向きを熱弁中

ただし、この時間の指導はちょっとだけ難易度が高い。そもそも「表現力」を伸ばすことが易しくはないことだし、それに加えて「自由な表現の場」を与えられた子どもの多くはフリーズしてしまう。

そんな時は具体例を示すといい。「こんな意見を言ってもいいんだよ」と教えることで、子どもたちは表現しやすくなる。

そして、何より大事なのは回数をこなすこと。5回、10回、30回、100回と経験するうちに、子どもたちは少しずつ「自由」であることに慣れ、表現できるようになっていく。

「担任からの連絡」はこの三つ

帰りの会の「担任からの連絡」では三つのことを伝えることを心がけている。「承認」「改善」「連絡」だ。日によってばらばらだけど、少なくともどれか一つを伝えるようにしている。これにより、子どもたちは自信をつけたり、思考を深めたり、安心したりするようになる。

①一日の頑張りを承認する

その日の中で子どもたちのポジティブな姿にスポットライトを当て、承認する。

「時間を守っていたね」

「歌声が大きくなっていたよ」

「シンジさん、2回発表していたね」…

など、全体を承認したり、個人を承認したりする。

②改善点を伝える

帰りの会では叱らないけれど、子どもたちに改善を促すことは多々ある。例えば
「今日の中休み、廊下を走る姿がとても気になりました。あなたも相手もとても危険なので、改善しましょう。この後、靴箱まで歩いていきましょうね」
という具合だ。感情的にならず、淡々と伝えるのがポイントだ。

③事務連絡をする

どうしても念を押して伝えたいことがあれば、ここで最後の連絡をする。

「明日は裁縫セットを忘れないように」
「今日の宿題はタブレットで提出です」
などだ。

これら三つ、時間にしておよそ1分だ。ダラダラしゃべらない。かと言って、焦って早口になるわけではない。無駄なく、テンポよく連絡していく。

ちなみに、特にこちらから連絡がない場合は潔く「今日は特にありません。早く下校していっぱい遊びましょう」で終わることもある。

机と椅子を整えて「さようなら」

帰りの会は元気よく「さようなら」をみんなで言おう。ただ、「さようなら」の前に「ある言葉」を日直に言わせると、とても効率的だ。

「立ちましょう。**机と椅子を整えましょう。**姿勢を正しましょう。さようなら」。

…覚えているかな？　朝の会と授業のはじまりのあいさつだ（チャプター4）参照。「机と椅子を整えましょう」という言葉があれば、担任がいなくても常に机環境が整うというあのシステムだ。帰りの会でもこれをおこなうといい。

たまに、子どもたちの下校後に一人ぼっちで子どもの机を整えてまわっている担任の姿を見る。その姿は一見美しい。けれど、やっぱり子どもの机は子ども自身で整えられるようになってほしい。

それに、下校後は担任には別の仕事が山のように待っている。仕事効率から言っても担任が子どもの机を一人きりで整えるのはナンセンスだ。

「さようならハイタッチ」

「さようなら」をした後は、子どもと必ずハイタッチをして帰すようにしている。表向きの理由は子どもとの関係構築だ。裏の理由は、トラブルの芽を摘むことだ。

毎日毎日繰り返しハイタッチをしていると、子どもの些細な変化に気づくようになる。「いつもよりタッチの力が弱い」「いつもより手が上にあがらない」「いつもと違って目が合わない」……。

大抵の場合、これらは子どもに何かがあったというサインだ。そのサインを見つけたら、僕は必ずその子を呼び止め、何があったのかを尋ねる。すると、子どもはトラブルの内容を語り始める。

ただ、実際のトラブル解決は翌日にすることが多い、もう既に下校してしまっている子どもがいたり、完全下校の時刻までに解決できなかったりする。そんな時は「明日きちんと解決していこうね」と言って帰宅させてあげるといい。

忘れちゃいけないのは早急な保護者連絡だ。結果的に子どものトラブルを解決せずに下校させてしまったことに変わりはない。それに、最初に耳に入れるのが子どもからの「偏りのある情報」であってほしくない。

「…という様なトラブルがあったことを下校直前にトモミさんから聞きました。明日の朝、お互いの話を聞いていきますね」という連絡を、保護者と子どもが接触する前に連絡するのが重要だ。

実は、この「さようならハイタッチ」の表と裏の二つの意図は、まだ教育実習生だった僕の指導教官の中川弘先生（京都市立錦林小学校（当時））から教わったものだ。

もう15年以上も前のことだけど、僕の中には師匠から教わったことがしっかりと息づいている。

教師1年目。僕は小学1年生の担任でした。帰りの会の準備中に流すBGMは遊佐未森さんの『クロ』でした。当時、NHKの「みんなのうた」で流れていて、優しくてちょっと切ないメロディーと歌詞が特徴でした。

実はこれ、自分へのアンガーマネジメントとして一役買っていました。

午後は子どもたちの集中力が切れ、動きが鈍りがちです。そのため、僕は午後にカリカリしてしまい、その苛立ちを帰りの会でぶつけてしまっていました。

ところがこの曲を使うようになってから、穏やかに帰りの会を進めることができるようになりました。

学級をマネジメントするのと同じぐらい、自分自身のマネジメントも大事ですね。

CHAPTER 13

放課後

～快速で仕事が片づく3原則～

原則、子どもを残さない

具体的なノウハウというよりマインドの話をしたい。

僕は「原則、放課後に子どもを補習などで残さない」という自戒の意識をもつようにしている。自分の指導は「さようなら」の瞬間に完了したと認識しているし、そこまでで十分に結果を出せる自分でありたいからだ。

キャリア序盤は違った。子どもを教室にたくさん残し、算数を教えたり、図工の作品づくりが遅れている子の活動を進めさせたり、家で宿題がしにくい子のための寺子屋的存在になったりしていた。その時間はちっとも嫌いじゃなかった。でも、今思えば子どものためというより、「子どものためにこんなに時間を費やしている俺」に酔っていたのかもしれない。

ところが、徐々に意識が変わっていった。「授業中に習得させる術はないか」「遅れた図工の作品づくりをケアする隙間時間はないか」「宿題提出を子どもたちで管理する仕組みはつくれないか」…というような、いわば「さようなら」までに如何にして指導を完結させるかというマインドに変わっていったのだ。

学級経営で最も重要なのは、ルールでもシステムでもほめることでも叱ることでもない。**いつも教室に担任がいることだ。**そのために、担任の心身への負担は絶対に減らすべきだ。だから僕は、「原則、残す」ではなく「原則、残さない」という方針で学級経営をするようになっていった。

※もちろん、時に子どもたちに勉強を教えることもあるし、雑談や遊びをして楽しむこともある。相談を受けることだってある。ちなみに写真は今まさに高学年女子たちから恋の悩みを聞いているところだ（笑）。

放課後、悩みを打ち明ける子どもたち
（ちょっとモジモジしてる…）

電話は勤務時間内に

放課後に保護者や業者に電話連絡をすることがある。当然のことだけど、学校の勤務時間内に電話をするようにしよう。勤務時間をオーバーした会議には怒るのに、自分は平気で18時、19時に電話をかける！　…なんていう非常識なことは避けよう。

電話の相手にも「学校は夜でも対応してくれるんだな」という誤解を与えかねない。

ちなみに、保護者の多くは教師ではない。一般公務員や民間企業勤め、個人事業主だったりする。彼らはビジネスマナーを使いこなすことを日常的に求められている。電話対応もその一つだ。

ところが教師にはそういった慣習や研修があまりない。そのため、誤った言葉遣いや失礼にあたる態度をとってしまうことが度々ある。日々一生懸命子どもと関わっているのに、そんなところで保護者からの信頼を失うのはあまりにもったいない。教師も基本的なビジネスマナーはきちんと学習しよう。可能なら、毎年4月に簡単な校内研修をするといいと思う。

せっかくなのでちょっとクイズをしてみよう！　左の電話対応、間違っている箇所がどこか分かるかな？

「タナカは本日お休みをいただいております」

保護者から尋ねられた時によく使うフレーズだ。答え合わせをしよう。正解は

「タナカは本日休みをとっております」

だ！

では、もう1問。

「タナカに伝えておきます」

保護者から伝え聞いたことを、不在の田中先生に伝える約束をする時のフレーズだ。これはかなり頻繁に使うはずだ。さあ、どこに間違いがあるか分かったかな？　正解は

「タナカに申し伝えます」

だ！

こういったミスに敏感な人が保護者の中には必ずいる。本屋に行けばビジネスマナーに関する書籍が山ほどおいてある。１冊職員室に置いておくと安心だ。当然ながら、僕も持っている。

放課後の仕事は優先順位が命

放課後はテキパキと仕事をこなしたい。ポイントは優先順位を間違えないこと。今から紹介する二つのステップを身につけると仕事がサクサク進むようになる。

ステップ①「やることリスト」をつくる

まずはやるべき仕事のリストをつくろう。職員会議の資料づくりからメールの返信まで、全てを書き出してみよう。仕事を「見える化」するだけで随分頭が整理されるはずだ。

ステップ② リストを「緊急度と重要度のマトリクス」でとらえ直す

リストをつくったら、次は「どの仕事からとりかかるか」を決めよう。つまり、仕事の優先順位を決めるということだ。これにより仕事のテンポが上がる。

下の「緊急度と重要度のマトリクス」を見てほしい。縦軸に重要度、横軸に緊急度をとり、仕事を

・A 重要度も緊急度も高い仕事
・B 重要度は高いけど緊急度は低い仕事

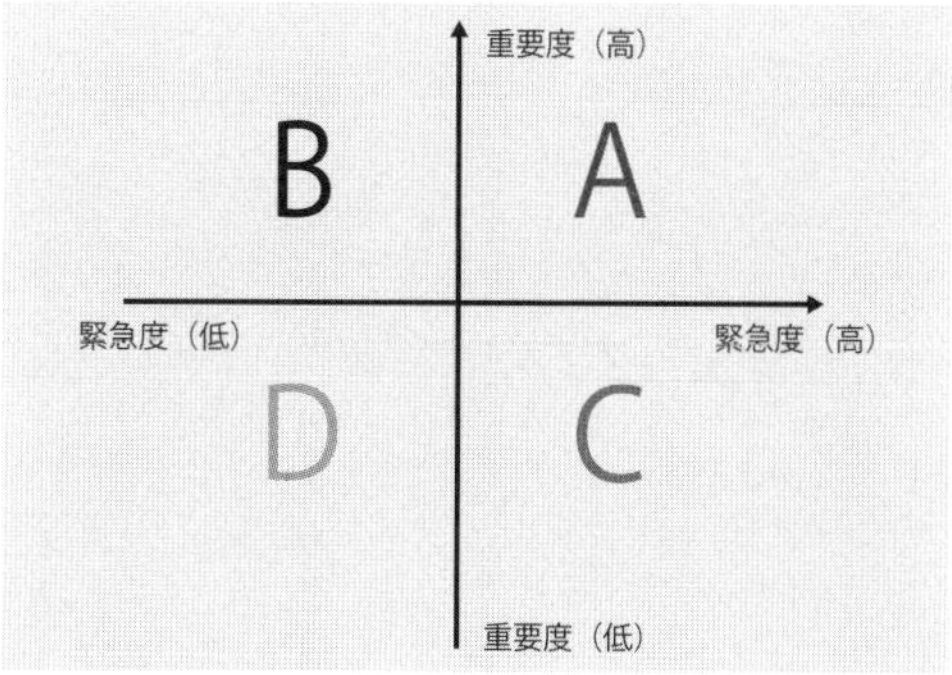

「緊急度と重要度のマトリクス」

・C 重要度は低いけど緊急度が高い仕事
・D 重要度も緊急度も低い仕事
の四つの領域に分ける。

そして、先ほどつくった「やることリスト」の一つひとつを各領域に分類してみる。すると、先ほどまでは単に羅列されていたリストだったのに、優先度が見えるようになる。


最優先に着手すべき仕事は当然「重要かつ緊急」のAだ。例えば、来客への対応とか明日の参観授業の準備などだ。

次に着手すべき仕事はCだ。重要度が高くなくても、緊急度が高い場合…、つまり締め切り等がある場合にはそれを優先すべきだ。例えば「今日が締め切りのスポーツテストのデータ入力」などだ。自分としては特に必要感を抱かない仕事でも、同僚や関係者にとっては重要な仕事ということが多々ある。

残りは当然B→Dという順になる。

まとめよう。仕事の重要度と緊急度の点から、**A→C→B→Dの順で仕事を進める**

と、誰にも迷惑をかけず、成果も上がりやすくなる。

放課後の仕事のテンポが上がれば上がるほど、授業準備に時間をかけて子どもを喜ばせたり、定時退勤をしてリフレッシュしたりしやすくなる。一見学級経営とは無縁のように思えるけれど、こうした事務作業も立派に学級経営を支える仕事なのだ。

少し話が逸れるけれど、ＣよりもＢ、つまり緊急度よりも重要度を優先すべき場合がある。

それは、キミが心の底から望むことに関してだ。「もっと家族と過ごしたい」「起業したい」「人生のパートナーがほしい」「世界一周したい」「億万長者になりたい」「英語をペラペラにしゃべりたい」「書籍を出版したい」…など、キミの内なる声が高らかに叫んでいる時だ。そんな時は、自分の想いに素直になった方がいい。その方がより幸せな人生を歩むことができる。

いつも同じメンツで同じ内容の「呑み会」とか、いつも見ているテレビドラマの放送とか、同僚に誘われてよく分からずに入会した研究会の会議とか…、一見緊急度が高いような気がするけれど、でも、実は案外そうでもないことがある。そんな時は、思い切って緊急そうに思えることよりも、自分が本当に大事にしたいことに時間を割くといい。少なくとも、僕はそういう風にして今日まで生きてきた。

緊急度と優先度、今優先すべきはどちらか。状況に応じて正しく判断していこう。

退勤の作法

子どもは下校した。保護者への連絡も済んでいる。緊急度の高い事務仕事も済んだ。今日も一日よく頑張った。気持ちよく退勤しよう。

おっと。退勤する前にしたいことが二つだけある。その二つをキミに伝えて、いよいよ僕からの話を終わろうと思う。

一つ目。机上を整理整頓すること。職員室は教職員みんなの場所だ。使用している机、ＰＣ等は私物ではない。仕事の終わりにはきちんと整理整頓してから退勤しよう。

ちなみに下の写真は僕の職員室の机だ。美しいでしょう？

…引き出しの中はちょっと見せられない（笑）。

二つ目。同僚にあいさつをしてから帰ろう。「おつかれ様でした」でも「お先に失礼します」でも何でもいい。ポイントは、相手の目を見てあいさつをすることだ。名前を呼べたら花丸だ。「マツウラ先生、お先に失礼します」と言われて嫌な気持ちになる人なんてきっといない。

お互いが少し嬉しくなるような退勤ができると、明日学校に行くのがちょっと楽しみになる。

これにて僕からキミへの学級経営のお話は全て終わろうと思う。飽きずに最後まで聞いてくれてありがとう。

「おつかれ様でした！」

机上は美しい宮澤の職員室机（退勤時）

エピローグ

「お先に失礼します」

そう言って僕は職員室を去り、玄関に向かって長い廊下を真っすぐ歩く。

僕はふいに廊下を右に曲がる。

ポケットに手を突っ込んだまま、階段を3階まで上ると、蛍光灯の明かりがほんのりと廊下に漏れている教室を見つけた。

中をのぞくと、教師机に座ったキミが一生懸命赤ペンを走らせている。

「邪魔しちゃ悪いな」と思いつつ、一言だけ

「おつかれさん」

と声をかける。

突然の来訪にキミはいつも飛び跳ねて驚く。そして

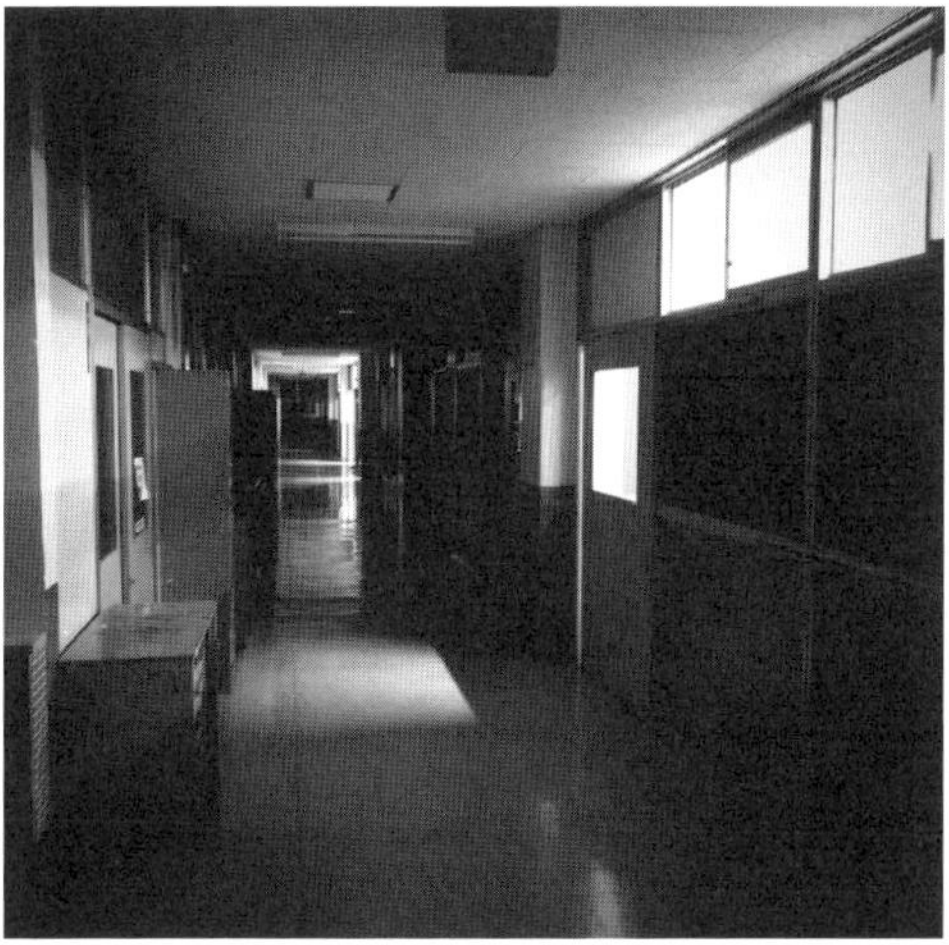

「おつかれ様です。もうおかえりですか？　あ、先生！　明日の朝のことなんですけど、集合は学級ごとに昇降口でいいですか？　いつもよりちょっと早く出勤した方がいいですよね？　…ところで先生っていつも何時に学校に来てるんですか？」

なんて、人懐っこく話しかけてくれる。

僕はおもむろに子ども用の椅子に腰かけ、答える。

「実は僕には朝のルーティンがあってさ。ちょっと昔話になっちゃうけど、昔は全然学級経営がうまくいかなくてね。それで…」

もう少しだけキミとしゃべってから、家に帰ろうかな。

おわりに

2023年9月23日。

僕のスマホに1通のメッセージが届きました。

「先生、お久しぶりです！　昨日、教員採用試験の結果発表だったのですが、無事、合格することができました!!」

僕の初めての卒業生からのその連絡に、僕は驚きと喜びを感じました。同時に、少し心配な気持ちにもなりました。

「大丈夫かな？　困ったり、落ち込んだりしないかな？　ああ見えて、結構繊細だったもんな」

まだ担任気分の抜けていない自分がそこにいました。

時折、その教え子が教壇に立つ姿を想像したりもしました。

「ピアノが上手だったから教室でオルガンとか弾くんだろうなあ。僕も担任を続けていれば、同じ学校で働く瞬間なんかあったのかなあ？」

なんていう、ありもしない妄想まですることもありました。
僕は、本当は教え子に「ようこそ」と言いたかったのだと思います。

２０２３年11月26日。
僕は学事出版の編集者の方に、「書きたい２冊目の構想がまとまりました」とメールを送りました。
それがこの『学級担任の一日』でした。

正直に言います。この本を書き始めたのは、日本全国で困っている先生を救いたいとか、学級崩壊をなくしたいとか、そんなかっこいい大義名分があったからではありませんでした。ただただ教え子のために何か力になりたいという、ひどく個人的な理由からでした。

でも、今は違います。筆を進めるうちに、たくさんの先生たちの顔が浮かんできて「あの人にこの本を届けたい」という気持ちがどんどん膨らんできました。

この本をきっかけに、あなたとあなたの大切にする同僚の先生の学級経営が少しでも楽しく、そして楽になることを願っています。

最後に、メールを送った日から半年足らずで、こうして書籍という形に仕上げてくださった編集の戸田幸子さんに感謝申し上げます。

２０２４年６月25日
フィリピンはセブ島、語学学校の自習室にて
宮澤悠維

〈参考文献〉

・安川康介（2024）『科学的根拠に基づく最高の勉強法』KADOKAWA
・スティーブン P・ロビンス／デービット A・ディチェンゾ／メアリー・コールター、高木晴夫監訳（2014）『マネジメント入門―グローバル経営のための理論と実践』ダイヤモンド社
・Footy Stats（統計データサイト）
・一般社団法人東京コーチング協会『TCA コーチングカレッジ TripleA Program ver.6.1』
・文部科学省（2009）『小学校学習指導要領』
・文部科学省（2018）『小学校学習指導要領』
・下市町（2021）「教職員の休憩時間の規則が変わります」https://www.town.shimoichi.lg.jp/cmsfiles/contents/0000001/1080/kyuukei-henkou.pdf
・NPO法人日本サービスマナー協会『ファシリテーター認定講座【受講者用】』
・中村文子、ボブ・パイク（2017）『講師・インストラクターハンドブック―効果的な学びをつくる参加者主体の研修デザイン』日本能率協会マネジメントセンター
・坂井豊貴（2016）『「決め方」の経済学―「みんなの意見のまとめ方」を科学する』ダイヤモンド社

・学校給食における児童生徒の食事摂取基準策定に関する調査研究協力者会議（2020）『学校給食摂取基準の策定について（報告）』
・公益財団法人日本学校保健会（2019）『学校のアレルギー疾患に対する取り組みガイドライン《令和元年度改訂》』
・給食後に小5が死亡　東京・調布、アレルギー反応か、日本経済新聞、2012-12-21、https://www.nikkei.com/article/DGXNASDG2101Y_R21C12A2CC0000/
・スティーブン・R・コヴィー／ジェームス・スキナー、川西茂訳（1996）『7つの習慣』キングベアー出版

〈さらに学級経営力を磨きたい方へ〉

『学級担任の一年～4月から3月までの宮澤式学級経営～』をリリースしました。

この書籍と合わせて学ぶと学級経営力がもっとパワーアップします。

是非ご活用ください。

宮澤 悠維（みやざわ・ゆうい）
株式会社宮澤悠維教育研究所、代表取締役。京都市と長野県で10年間小学校教師として勤務した後、2020年3月退職。同年起業。現在は「学級経営コンサルタント」として全国の教師に「学級満足度毎年9割ごえ」（学校評価アンケート、QUより）の学級経営のノウハウを提供。学級経営専門のYouTubeチャンネルは多くの現役教師たちから支持を集めている。

学級《がっきゅう》担任《たんにん》の一日《いちにち》

2024年7月16日　初版第1刷 発行

著　者　宮澤悠維
発行者　鈴木宣昭
発行所　学事出版株式会社　〒101-0051 東京都千代田区神田神保町 1-2-5
電話 03-3518-9655（代表）　https://www.gakuji.co.jp

編集担当　戸田幸子　装丁　亀井研二　本文レイアウト　高橋洋一
イラスト　松永えりか　編集協力　酒井昌子　印刷・製本　精文堂印刷株式会社

 ISBN 978-4-7619-3009-7 C3037